ANNE LÖWEN

»SO« geliebt BIST DU

SOFAPAUSEN MIT JESUS

Verlag GmbH · Giessen

Die Bibelzitate sind unterschiedlichen Übersetzungen entnommen und wie folgt gekennzeichnet:

NL – Neues Leben. Die Bibel © 2002
und 2006 SCM-Verlag GmbH & Co. KG, Witten.
NGÜ – Bibeltext der Neuen Genfer Übersetzung – Neues Testament und Psalmen. Copyright © 2011 Genfer Bibelgesellschaft.
Wiedergegeben mit freundlicher Genehmigung. Alle Rechte vorbehalten.
Hfa – Hoffnung für alle®, *Copyright © 1983, 1996, 2002* by Biblica, Inc.®.
Verwendet mit freundlicher Genehmigung von Fontis – Brunnen Basel.
NeÜ – NeÜ bibel.heute © 2010 Karl-Heinz Vanheiden,
www.derbibelvertrauen.de, und Christliche Verlagsgesellschaft
Dillenburg, www.cv-dillenburg.de.
ELB – Revidierte Elberfelder Bibel © 1985/1991/2006
SCM-Verlag GmbH & Co. KG, Witten.
L – Die Bibel nach Martin Luthers Übersetzung, revidiert 2017,
© 2016 Deutsche Bibelgesellschaft, Stuttgart.
GN – Gute Nachricht Bibel, durchgesehene Neuausgabe,
© 2018 Deutsche Bibelgesellschaft, Stuttgart.

© 2019 Brunnen Verlag GmbH, Gießen
www.brunnen-verlag.de
Lektorat: Konstanze von der Pahlen
Umschlagfoto: Shutterstock
Umschlaggestaltung: Daniela Sprenger
Satz: DTP Brunnen
Druck: CPI – Ebner & Spiegel, Ulm
ISBN 978-3-7655-0699-4

FÜR NIKOLAI

Du bist der beste menschliche Bräutigam,
den es gibt!

Ich bin so gesegnet, auch an deiner Seite
durch dieses Leben gehen zu dürfen!

Ich liebe dich von Herzen!

⟫INHALT⟪

VORWORT: Staunen & Hochzeitsgeflüster

1 KENNENLERNEN – Kann ich es wagen?

2 GENIEßEN – Wie schön es mit dir ist!

3 VERSTEHEN WOLLEN – Warum läuft so viel schief?

4 VERTRAUEN – auch wenn ich nicht alles verstehe

5 VORBEREITEN – Ich gehöre dir!

6 ANDERE SEHEN – Geliebt, um zu lieben

7 VORFREUDE – Ich kann es nicht abwarten!

VORWORT
Staunen & Hochzeitsgeflüster

„Ich schließe die Ehe mit dir für alle Zeiten;
mein Brautgeschenk für dich sind meine Hilfe und mein Schutz,
meine Liebe, mein Erbarmen und meine unwandelbare Treue.
Du wirst erkennen, wer ich bin – ich, der Herr."
Hosea 2,21-22 (GN)

Aufgeregt und mit Schmetterlingen im Bauch sitze ich im Auto. Eingehüllt in eine Stoffwolke aus Weiß, die kaum auf den Rücksitz passt. Unbeschreiblich dieses Gefühl! Gleich ist es so weit!

Endlich stehen wir vor der Kirche. Nervös und unendlich glücklich zugleich steige ich aus dem Auto und nähere mich der großen dunkelbraunen Kirchentür. So viele Autos quetschen sich in Parklücken um die Kirche herum. Sie sind alle gekommen, um diesen wundervollen Moment mit uns zu feiern. Wahnsinn! Ein Fotograf läuft rückwärts vor mir her und knipst eifrig. Ich fühle mich wie eine Prinzessin!

Und dann endlich ist der Augenblick gekommen. Aufgeregt trete ich durch die geöffnete Tür. Wunderschöne Musik begleitet jeden meiner Schritte. Ich blicke in so viele lächelnde Gesichter von Menschen, die mir etwas bedeuten. Die Kirche ist traumhaft schön geschmückt und festlich hergerichtet. Was für ein Augenblick!

Aber das Beste ist er – mein Bräutigam! Da steht er. Vorne am Altar, am Ende des Mittelganges, den ich entlangschreite. Mit strahlenden Augen sieht er mich an. Ein bewundernder und verliebter Blick. Dass ich diesen Moment erleben darf! Dass ich die Braut dieses wunderbaren Mannes sein darf! Ich kann einfach nur staunen.

Vielleicht hast du solch einen wundervollen Hochzeitstag

auch schon erlebt. Vielleicht wartest du noch auf diesen Moment. Aber egal ob du schon einmal verliebt vor dem Altar dein Jawort gegeben hast oder nicht: Du bist eine Braut. Denn der Herr über Himmel und Erde hält um deine Hand an und fragt dich, ob du an seiner Seite sein möchtest. Ist das nicht unglaublich? Jesus liebt uns so sehr, dass er Menschen wie dich und mich als seine Braut möchte. Überwältigt von dieser Liebe kann ich wieder einfach nur staunen.

Denn zum Staunen ist viel Grund da: Gibt es etwas Unergründlicheres als die Liebe, die Jesus für uns hat? Sie begegnet uns auf allen Seiten der Bibel. Schlag Gottes Wort an irgendeiner Stelle auf und du wirst entdecken, wie sich seine Liebesgeschichte mit den Menschen entfaltet.

Doch Gott hat seine große Liebesgeschichte nicht nur mit Leuten vergangener Zeiten geschrieben, sondern er schreibt sie weiter. Heute genauso wie damals. Mit dir und mit mir. Gott sandte seinen Sohn Jesus auf diese Welt, um den Weg für die perfekte Lovestory zu ebnen.

Jesus liebt dich mit einer Liebe, die keine Grenzen kennt! Er sieht dich und ist hin und weg von dir. Als du gefangen warst in deiner Blindheit und deiner Schuld und nichts tun konntest, als auf jemanden zu warten, der dich rettet, da tat er es – obwohl er wusste, dass es ihn das Leben kosten würde. Er war bereit, alles für dich zu geben! Und das auf dramatische Art und Weise. Er besiegte den Feind, der dich gefangen hielt.

Und dieser starke Sieger wirbt jetzt um dein Herz. Liebevoll. Sanft. Leidenschaftlich. Ausdauernd.

Sein Weg mit dir ist wunderbar. Er offenbart dir seine Liebe. Hält dir seine Hand hin. Wartet darauf, dass du sie ergreifst und mit ihm durch dieses Leben gehst. Seinen Liebesantrag annimmst. Wenn du das tust, macht er dein Leben reich. Du darfst in seiner Liebe baden. Deine Liebestanks füllen bis zum Überfluss.

Er bleibt treu an deiner Seite. Durch alle Höhen und Tiefen des Lebens. Er hält deine Vorwürfe aus, dein Versagen. Und auch für all die zweifelnden Fragen ist Raum. Er geht behutsam auf dich ein und lässt dich seine Liebe in all diesem Durcheinander des Lebens spüren. Er ist geduldig und gibt deiner Liebe Zeit zum Wachsen.

Die Welt ist voller Hunger nach Liebe. Und weil du überschwänglich geliebt wirst, kannst du aus diesem Überfluss weitergeben, kannst immer rückhaltloser und verschwenderischer lieben. Du darfst wie Licht im Dunklen scheinen und Hoffnung verbreiten.

Denn das Beste kommt zum Schluss: Jesus hat dich eingeladen. Eingeladen, für alle Ewigkeiten an seiner Seite zu bleiben. Er ist vorgegangen und bereitet dir einen wundervollen Platz bei ihm. Du darfst dich schon jetzt auf dieses Wunder vorbereiten. In begeisterter Vorfreude warten.

Dort angekommen, wird die größte Hochzeit aller Zeiten gefeiert. Ein Fest, wie man es noch nie gesehen hat. Er selbst, der König der Könige, Jesus Christus, ist der Bräutigam und du darfst durch Gnade seine Braut sein. Geliebt in alle Ewigkeiten.

Zu schön, um wahr zu sein? Eigentlich schon. Aber es stimmt! Gottes Liebe will dich jeden Tag neu überraschen. Ein Wunder. Unglaublich, aber wahr.

Ich möchte dich einladen, diese einzigartige Liebesgeschichte ganz persönlich zu erleben. Es wird viel Grund zum Staunen geben. Kommst du mit?

Deine Anne

KENNENLERNEN

Kann ich es wagen?

GELIEBT. GESEHEN. GEWÄHLT.

Du bist geliebt. Von Herzen geliebt und wertgeschätzt. Jesus ist über beide Ohren verliebt in dich. Er brachte Himmel und Erde in Bewegung, um einen Weg zu dir zu finden. Um eure Liebesgeschichte möglich zu machen.

Du bist gesehen. Du gehst nicht in der Masse unter. Jesus sieht dich. Er sieht dich so, wie du wirklich bist. Kennt deine Stärken. Deine Schwächen. Deine Träume und Hoffnungen. Deine Ängste und Sorgen. Und er möchte dich begleiten.

Du bist gewählt. In sein Team. Von Jesus erwählt. Er will dich an seiner Seite. Er ruft dich zu sich in seine Arme. Zu einem Leben in wahrer Fülle und Erfüllung.

Er wartet auf deine Antwort. Darauf, dass du seine Hand ergreifst. Dass du es wagst. Nimmst du seinen Liebesantrag an?

Wie schön du bist

„Wie schön du bist, meine Freundin, wie schön!"
Hoheslied 1,15 (NL)

Wie schön du bist!
Hat dir das schon mal jemand gesagt? Ich hoffe es sehr, denn es ist die Wahrheit. Es ist eine Wahrheit, die du unbedingt hören musst. Ganz besonders von mir. Denn keiner ist mehr von dir hingerissen als ich.

Wie schön du bist!
Seitdem ich dich das erste Mal sah, kann ich meinen Blick nicht mehr von dir abwenden. Der Moment, in dem dein Herz anfing zu schlagen. Wie du immer mehr Gestalt annahmst und im Bauch deiner Mutter gewachsen bist. Wunder über Wunder. Dein erster Schrei, dein erster Atemzug. Deine süßen Grübchen in den kleinen Händen. Du warst einfach hinreißend. Dich zu sehen, wie du mit zerzausten Haaren und weit geöffneten Armen über die Wiese gerannt bist. Dein ansteckendes Lachen. Ich konnte nicht anders, als voller Freude mitzulachen. Und jetzt erst: Du bist immer schöner geworden, weißt du das eigentlich?

Wie schön du bist!
Du bist mit so einer Liebe zum Detail erschaffen worden. Alles an dir hat seine Richtigkeit. Kunstvoll ist alles an dir erdacht und geplant. Ich weiß, dass dir so viel an dir noch nie gefallen hat. Aber ich möchte dir zusprechen: Genau so, wie du bist, bist

du wunderschön. Deine Beine müssen nicht länger und deine Nase nicht kleiner sein. Deine Augen müssen nicht größer und deine Taille nicht schmaler sein. All deine Besonderheiten, alle kleinen Marotten und Eigenarten – sie machen dich aus. Wären sie nicht mehr da, dann wärst du nicht mehr du. Und ich bin voller Gefühle genau für dich. Ich habe dein Bild ständig vor Augen. Immer bin ich in meinen Gedanken bei dir.

Wie schön du bist!
Du bist kein Zufall. Du bist gewollt. Bitte zweifle niemals an dieser Wahrheit! Vielleicht hast du dir in deinem Leben schon anderes anhören müssen. Verletzende Worte, Beleidigungen oder Ignoranz. Wenn du nur wüsstest, wie sehr meine Seele mit deiner gelitten hat bei diesen harschen Worten, den teilnahmslosen Blicken, der Unaufmerksamkeit. Dein Kummer und deine Tränen waren mir noch nie egal. Ich habe dich gesehen in deiner Not und deinem Schmerz. Habe jede einzelne deiner Tränen gezählt. Ich war da. Bereit, dich in die Arme zu schließen. Und dir meine Liebe zu schenken.

Wie schön du bist!
Ich liebe es, in deiner Gegenwart zu sein. Es ist so schön bei dir. Du kannst dir gar nicht vorstellen, wie sehr ich mich nach dir sehne. Und nach deiner Liebe. Ich wünsche mir so sehr, dass auch du mich liebst. Dich nach mir sehnst. Dich bei mir anlehnst und bei mir Schutz suchst. Nach mir und meiner Meinung fragst. Dass du zu mir kommst mit allem, was dich bedrückt und beglückt. Ich wünsche mir von Herzen erwiderte Liebe.

In tiefer Liebe

Jesus Christus, der einzige Sohn Gottes

AUSRANGIERTE SCHALS MIT GLITZERFÄDEN

Du bist mein Herr. Nur bei dir finde ich mein ganzes Glück!
Psalm 16,2 (NGÜ)

Eingewickelt in eine Decke und irgendwelche Schals stolziere ich durch die Wohnung. Dass man sich in ausrangierten Stoffen so schön fühlen kann?! Besonders das weiße Tuch mit den Glitzerfäden. Mann, fühle ich mich toll darin. Ich bin sechs und spiele (mal wieder) Prinzessin. In Mamas Schuhen schlurfe ich vorsichtig weiter und versuche mit einer Hand, die gebastelte Pappkrone irgendwie auf meinem Kopf zu balancieren, während ich mit der anderen die verschiedenen Lagen Stoff festhalte. Was für ein royaler Anblick.

Mein Mädchentraum: Prinzessin sein! Ich stellte mir vor, wie ich in wunderschönen Kleidern anmutig durch mein Schloss schritt. Natürlich gehörte zu meinem Traum auch ein toller Prinz, der eines Tages auf seinem edlen Pferd angeritten kommen würde. Er würde einfühlsam und stark zugleich sein. Ein Held, der mutig jedem Feind entgegentreten, mich retten und beschützen würde. Dennoch würde er sich niemals grob oder unsensibel verhalten. Er würde das Kleine und Unbedeutende achten. Niemand wäre ihm zu unwichtig, dass er es nicht wert wäre, für ihn zu kämpfen.

Ich wünschte mir, von diesem Mann umworben zu werden. Er würde sich als wahrer Gentleman erweisen und mein Herz für sich gewinnen. Bei ihm würde ich schwach sein dürfen und Geborgenheit erleben. Er würde mich mit einer bedingungslosen Liebe lieben, derer ich mir für alle Ewigkeiten sicher sein konnte. Für ihn wäre ich sein Mädchen, seine geliebte Prinzessin.

Ich bin mir vollkommen im Klaren darüber, wie kitschig und naiv sich das anhört, aber so träumte ich es als Mädchen. (Vielleicht habe ich zu viele Märchenfilme gesehen?!) Heute frage ich mich manchmal, ob es wirklich der perfekte Ehemann war, auf den ich damals gehofft habe. Kann ein Mensch so vollkommen sein, dass er all diese Sehnsüchte in mir stillen kann?

Wenn ich heute auf meine Prinzessinnenfantasien zurückblicke, dann erkenne ich erst, was sich eigentlich für ein Wunsch dahinter verbarg: der Wunsch nach Anerkennung, mich geliebt zu wissen und als etwas Besonderes fühlen zu dürfen.

Wünschen wir uns das nicht alle? Wir sehnen uns nach Bestätigung. Nach einem: „Das hast du gut gemacht. Du hast echt was drauf." Wir suchen nach Liebe. Nach Angenommensein. Nach den zauberhaften Worten: „Ich liebe dich. Du bist echt etwas Besonderes." Wir halten Ausschau nach den Glitzerfäden in ausrangierten Schals. Nach diesen kleinen Lichtblicken im Leben. Die einem ein Lächeln ins Gesicht zaubern. Die den Alltag besonders machen. Weil sie Alltägliches und manchmal auch nicht so Schönes mit Liebe durchweben wie ein Glitzerfaden ein altes Stück Stoff.

Was sind deine Glitzerfäden? Wie sehen deine Träume aus? Wovon erhoffst du dir die Füllung deines Liebestanks?

Wir Menschen sind Beziehungswesen. Wir sind auf Gemeinschaft hin erschaffen worden. Mit anderen Worten: Wir sind für Liebe gemacht. Dafür, geliebt zu werden und zu lieben. Wenn wir keine Liebe im Leben haben, dann verkümmern wir innerlich. Wir müssen mit Liebe begossen werden wie eine Blume mit Wasser. Sonst trocknen wir aus. Werden hart und gefühllos. Unnahbar und kalt. Und dann gehen wir in unserer Starre langsam ein. Geliebt werden und lieben, geben und nehmen, das bedeutet ein glückliches Leben.

Menschliche Liebe ist etwas Wunderbares. Ein zauberhaftes Geschenk, mit dem Gott uns bereits einen kleinen Teil vom

Himmel hier auf der Erde schenkt. Wir dürfen uns glücklich nennen, wenn wir diese Liebe genießen dürfen. Doch bestimmt hast du diese Erfahrung auch schon gemacht: Menschliche Liebe reicht nicht aus! Sie wird nie genug sein! Selbst mit den besten Beziehungen werden wir unseren Liebestank nicht ausreichend füllen können. Wir bleiben Suchende. Wir sehnen uns nach mehr. Bleiben hungrig nach Liebe.

Und wir sind auch für mehr gemacht. Für eine tiefere Liebe.

Ich muss gestehen, dass ich etwas gebraucht habe, um das zu begreifen: Wenn ich bei Menschen die Stillung aller meiner Sehnsüchte suche, werde ich eine Hungernde bleiben. Ich werde nie wirklich satt werden. Wer mich allein satt machen kann, ist der, der mich geplant und erschaffen hat. Und der, der mich in meiner unendlichen Komplexität gestaltet hat, muss auch die Lösungen meiner Probleme kennen.

Wenn ich mich nach Jesus, dem menschgewordenen Gottessohn, ausstrecke und mich von ihm mit Liebe beschenken lasse, dann werde ich erfüllt werden. Meine Liebestanks werden mit Liebe überquellen. Ich werde in seine Liebe eingehüllt wie in einen Glitzerschal. Seine Liebe funkelt und strahlt durch alle Dunkelheit hindurch. Alle meine Sehnsüchte erfüllen sich bei ihm.

Gott ist Liebe. Und seine Liebe vergeht nie. Gottes Liebesquelle hört nie auf zu sprudeln und zu fließen, unabhängig, wie viel ich davon trinke und wie oft ich darin bade.

Wenn du seine Nähe suchst, wirst du es auch erleben. Es lohnt sich, das auszuprobieren.

WER DIE Liebe Gottes VERSTEHT, HAT DEN SCHLÜSSEL zum Glück SEINES LEBENS GEFUNDEN.

HERMANN HEINRICH GRAFE

SUCHEN & GLÜCKLICH SEIN

„Wenn ihr mich sucht, werdet ihr mich finden; ja, wenn ihr ernsthaft, mit ganzem Herzen nach mir verlangt, werde ich mich von euch finden lassen", spricht der Herr.
Jeremia 29,13-14 (NL)

Hast du dich auch schon mal gefragt, warum es dich gibt? Wozu du lebst? Oder was eigentlich wirklich im Leben zählt? Ich glaube, so ziemlich jeder Mensch kommt irgendwann einmal an den Punkt, an dem er sich diese Fragen stellt. Wir Menschen sehnen uns einfach nach Antworten auf unsere Lebensfragen. Wir haben eine Sehnsucht nach mehr. Eine Sehnsucht nach dem Sinn des Lebens. Eine Sehnsucht nach einem, der uns bedingungslos liebt. Eine Sehnsucht nach der Unendlichkeit.

Wir fragen uns: Wer bin ich? Woher komme ich? Wohin gehe ich? Was ist meine Bestimmung? Gibt es ein Leben nach dem Tod? Gibt es bedingungslose Liebe? Wie werde ich meine Schuld los? Gibt es einen Gott, der die Welt erschaffen hat? Und wenn ja, kann man ihn kennenlernen? Fragen über Fragen, die nach Antworten schreien. Die uns aufwühlen, bis wir Antworten gefunden haben.

Augustinus sagte: „Unruhig ist unser Herz, bis es Ruhe findet in dir, Gott."

Wirkliche Ruhe und damit Glück und Freude werden wir erst finden, wenn wir Gott gefunden haben. Wenn wir den gefunden haben, der uns mit unerschöpflicher Liebe liebt. Er ist derjenige, der unser Leben so reich, so wunderschön macht. Er zeigt uns den Sinn unseres Lebens: an seiner Seite zu sein. Nirgendwo anders finden wir wahre Liebe. Nirgendwo sonst sind wir so angenommen, wie wir sind.

Ich bin überzeugt, dass es einen Gott gibt. Einen Schöpfer des Universums. Einen Schöpfer der Menschen. Einen, der alles ins Leben gerufen hat. Einen, der allmächtig ist und über alles herrscht. Und der doch einen Blick für das Kleine hat. Der in liebevoller Detailarbeit jede Zelle unseres Körpers erschuf. Der ein Ohr hat für meine Anliegen. Dem ich nicht egal bin.

Denn dieser Gott hat sich uns gezeigt. Er offenbart sich durch die Bibel. Durch viele Personen hat er selbst die Bibel schreiben lassen. Sie ist sein Buch. In ihr finden wir Antworten auf alle unsere Lebensfragen. Wir können dort erfahren, woher wir kommen und wohin wir gehen. Wozu wir hier sind und was der Sinn des Lebens ist. Die Bibel ist die Offenbarung Gottes. Durch sie können wir Gott kennenlernen. Sehen, wie er ist. Und das Wunderbarste: Sie zeigt uns, dass Gott Liebe ist (1. Johannes 4,8). Immer und immer wieder stellt er sich uns dort mit seiner Liebe vor. Er ist ein Gott, der mich sieht (1. Mose 16,13).

Und letztlich ist er sogar Mensch geworden, um zu zeigen, wie er ist und wie sehr er uns liebt. Um uns zu zeigen, wozu wir erschaffen worden sind. Wie wir befreit leben können. Jesus Christus selber kam als Mensch auf diese Welt und versprühte Gottes Liebe über diesen Planeten. In ihm sehen wir, wie weit Gott mit seiner Liebe zu uns geht: bis zum Äußersten. Nichts konnte ihn aufhalten, uns zu lieben. Nichts. Nicht einmal der schrecklichste Tod. Seine Liebe zu mir ist stärker und größer, als ich es jemals verstehen werde. Von ihm werde ich vollkommen perfekt geliebt.

Allerdings stülpt Gott uns seine Liebe nicht einfach so über. Wir werden nicht von ihm überrollt. Er handelt wie ein Gentleman und bietet sie uns an. Die Entscheidung liegt bei uns. Wir dürfen selber wählen, ob wir den Platz an seiner Seite annehmen möchten. Seine Liebe erleben wollen.

Die Bibel nennt dieses Ausstrecken nach Gott „Gott suchen". Gott suchen bedeutet, ihn kennenlernen zu wollen. Seine Liebe zu erfahren. Seine Hand zu ergreifen. Auf ihn einzugehen. Sich nach ihm zu sehnen. Und sie gibt uns gleichzeitig das wundervollste Versprechen gleich mit dazu: Wer Gott sucht, wird ihn finden (Jeremia 29,13-14; Matthäus 7,7-8).

Wenn du dich nach bedingungsloser Liebe sehnst. Nach Geborgenheit. Nach Glück. Nach Sinn und Ziel in deinem Leben. Nach Antworten auf deine Fragen. Dann suche Gott! Strecke dich nach ihm aus, wie ein kleines Kind sich nach seiner Mama ausstreckt. Kauf dir eine Bibel und lies darin. (Am besten startest du bei einem der Evangelien Matthäus, Markus, Lukas oder Johannes. Dort kannst du ganz viel über Jesus entdecken.)

Es gibt kein wundervolleres Buch als die Bibel. Weil sie sein Buch ist. Von ihm inspiriert und gewollt. Weil wir ihn dort kennenlernen. Du kannst beim Lesen darüber staunen, wie Gott sich dir offenbart. Wie er dir seine Liebe zeigt. Und wenn du dir unsicher bist, wie du deine Gedanken in Worte fassen sollst, wie du Gott sagen kannst, dass du ihn suchen und finden möchtest, dann kannst du auch gerne dieses Gebet nachbeten:

GOTT, ICH MÖCHTE DICH KENNENLERNEN.
ICH BIN FASZINIERT DAVON, DASS DU MIR
BEDINGUNGSLOSE LIEBE ANBIETEST.
UND ICH MÖCHTE DIESE LIEBE ERLEBEN.
ZEIG MIR, WIE DU BIST! WIE DU MICH LIEBST!
LASS MICH ERLEBEN, WAS ES BEDEUTET,
AN DEINER SEITE SEIN ZU DÜRFEN. UND VON DIR
GELIEBT ZU SEIN. HILF MIR,
DICH VON GANZEM HERZEN ZU SUCHEN!
MICH NACH DIR AUSZUSTRECKEN.
UND ICH DANKE DIR, DASS DU VERSPRICHST,
DICH VON MIR FINDEN ZU LASSEN.
ICH BIN SO NEUGIERIG AUF
UNSER KENNENLERNEN.

❯❯ DEIN STYLE ❮❮

Denn wer deine Nähe sucht, den lässt du nie allein.
Psalm 9,11 (NGÜ)

Gott zu suchen kann so spannend und vielseitig sein. Wir Menschen sind ganz unterschiedlich. Und auch jeder kommuniziert anders als der andere. Wie schön, dass Gott die Unterschiedlichkeit erschaffen hat und liebt und sich auf uns und unsere verschiedenen Gesprächstyles gerne einlässt.

Um dich mit ein paar Ideen zu versorgen, wie du deine Zeit mit Gott gestalten kannst, gibt es hier eine Checkliste. Sie hilft dir, deinen persönlichen Style herauszufinden und dich selbst besser kennenzulernen.

STYLEFRAGE #1: AMBIENTE?

Wie kannst du dich gut konzentrieren? Was für ein Setting magst du? Entspannt bei Kerzenschein? Oder lieber draußen an der frischen Luft? Magst du ruhige Musik im Hintergrund? Oder doch eher absolute Stille?

Das Ambiente ist wichtiger, als man oft denkt. Es hilft dir, deine Gedanken zu sammeln und auf Gott auszurichten. Es bringt wenig, wenn du versuchst, dich während einer Bergwanderung auf Gott zu fokussieren, wenn du wandern ätzend findest und dir eigentlich die ganze Zeit wünschst, zu Hause auf dem Sofa zu sein. Oder umgekehrt.

STYLEFRAGE #2: NASCHEREIEN?

Kannst du dich besser oder schlechter konzentrieren, wenn du dabei naschst? Hilft es dir, bei der Sache zu bleiben, wenn du nebenbei an deinem Tee schlürfst? Oder lenkt dich der Schokoriegel in der Hand total ab, weil du dadurch die ganze Zeit an deine vielleicht sowieso schon enge Hose denkst?

Auch die Frage des Essens und Trinkens hat ihre Berechtigung. Einen Kaffee mit Gott zusammen zu trinken, kann eine Entspanntheit und Intimität schaffen, wie man es von einem vertrauten Gespräch mit der besten Freundin kennt. Die Worte fließen fast von selbst. Vielleicht fühlt man sich so mit „leeren Händen" irgendwie seltsam und weiß nicht so recht, wie man loslegen soll. Da kann eine warme Tasse in den Händen Wunder bewirken.

Aber eben nicht für jeden. Vielleicht hilft dir auch gerade die „leere Hand". Du kommst leer zu Gott, um dich von ihm mit seiner Liebe, seinem Trost und seinen Worten füllen zu lassen.

STYLEFRAGE #3: UTENSILIEN?

Was solltest du zur Hand haben, wenn du Zeit mit Gott verbringen möchtest?

Um es gleich vorwegzunehmen: Wir *brauchen* gar nichts, um vor Gott zu kommen. Das ist das Wunderschöne an unserem Gott. Wir dürfen so kommen, wie wir sind. Ohne Wenn und Aber. Immer und zu jeder Zeit.

Allerdings gibt es Utensilien, die uns dabei unterstützen. Allen voran die Bibel. Sie ist Gottes Liebesbrief an uns Menschen. Überreich an Worten der Liebe, des Trostes, der Ermutigung oder auch der Warnung. Ohne die Bibel sind wir planlos. Sie gibt uns eine Richtung für unser Leben. Zeigt uns, was Wert hat und was nicht. Worauf wir achten und wovor wir uns in Acht nehmen sollten. Sie ist unerlässlich.

Zusätzlich kann es superhilfreich sein, noch andere Utensilien zu nutzen wie ein Gebetstagebuch (einfach ein Ringbuch, leeres Blatt oder deinen Laptop), in das du deine Gedanken und Gebete schreiben kannst. Oder gute christliche Literatur (Biografien finde ich zum Beispiel ganz toll).

STYLEFRAGE #4: GESPRÄCHSTHEMA?

Worüber darfst du mit Gott reden? Gibt es Tabus? Fettnäpfchen? Richtige Themen oder falsche?

Hier ist die Antwort supereasy: Du kannst mit Gott über alles reden. Ohne Ausnahme. Keine Sache ist zu unwichtig, peinlich, blöd oder unangebracht. Es gibt keine Tabus. Sag Gott, was dir auf der Seele brennt! Schütte dein Herz vor ihm aus. Egal, ob es Schönes oder weniger Schönes ist. Er kommt damit klar. Er weiß, wie er mit deiner Wut, deinen Vorwürfen, deinen Zweifeln, deinem Schmerz oder deiner Eifersucht umgehen muss. Er weiß, welchen Trost du brauchst. Wie er dir Liebe und Wertschätzung zeigen kann. Du musst nichts vor ihm zurückhalten. Er kennt dich. Er weiß sowieso, was dich bewegt und beschäftigt. Sag es ihm. Er liebt es, wenn du ihm alles anvertraust.

Diese Denkanstöße sind mit Sicherheit erweiterbar. Vielleicht fallen dir noch viel mehr Styleideen ein. Das ist perfekt. Denn das ist der Sinn der ganzen Fragen: dich ins Nachdenken zu bringen über Gott und dich und eure Zweierzeit.

Tja, und dann leg einfach los! Zu viel Grübeln ist auch nichts. Komm zu Gott und sag ihm, dass du ihn suchen möchtest. Bitte ihn, dass er sich dir zeigt. Dass du ihn kennenlernen darfst. Dass du erleben darfst, wie er dich nie allein lässt.

Viel Spaß :-)

PS: Übrigens heißt das alles nicht, dass du nicht mal etwas anderes ausprobieren könntest. Selbst eine verkuschelte Couchpotato kann sich mal nach draußen wagen und Gott bei seinem nächsten Sonnenuntergang-Kunstwerk bewundern und anbeten. Erfahrungen außerhalb des eigenen Wohlfühlbereichs erweitern den Horizont sehr ...

VOLLE WINDELN

*Wenn wir behaupten, ohne Sünde zu sein,
betrügen wir uns selbst und verschließen uns der Wahrheit.
Doch wenn wir unsere Sünden bekennen, erweist Gott sich
als treu und gerecht: Er vergibt uns unsere Sünden
und reinigt uns von allem Unrecht,
das wir begangen haben.*
1. Johannes 1,8-9 (NGÜ)

Ein neuer Morgen. Gut gelaunt nach einer Tasse Kaffee und Zeit mit meiner Bibel hole ich die Kids aus ihren Betten. Nichts ahnend öffne ich die Tür zum Kinderzimmer meiner zweijährigen Tochter. Im selben Augenblick überrollt mich eine riesige Duftwolke. Schnell gehe ich zu ihrem Bettchen und was sehe ich da? Meine Tochter steht. Hat sich den Schlafanzug halb ausgezogen und ... o Graus ... auch die Windel hängt nur noch halb an ihr – die *volle* Windel! Dazu zeigt sie mir mit großen Augen ihre verschmierten Händchen.

Ein wundervoller Anblick, oder? Für mich trotzdem kein Grund, auf dem Absatz kehrtzumachen. Denn glaubst du, ich habe sie in diesem Moment weniger lieb gehabt? Glaubst du, sie war für mich in diesem Augenblick weniger entzückend? Natürlich nicht. Sie war für mich genauso wunderschön und hinreißend wie auch sonst. Ich habe sie mit derselben Liebe geliebt wie immer.

Aber ich habe sie zu sehr lieb, um sie in ihrem Dreck zu lassen. Ich wollte ihr helfen. Sie aus ihrer ekligen Lage befreien.

Ich wollte lieber die Drecksarbeit tun und sie abwaschen, als sie so zu lassen.

Genauso ist Jesus. Er liebt uns zu sehr, als dass er uns in unserem Sündendreck allein lassen würde. Jesus machte lieber die „Drecksarbeit" und starb einen grausamen Tod, um uns nicht weiter in unserem Gestank und Dreck zu lassen. Unvorstellbar, oder? Wie unermesslich groß muss seine Liebe zu uns sein!

Seine Vergebung ist das größte Geschenk, das ich jemals erhalten habe. Mir wurde alles, wirklich alles vergeben! Jesus hat liebevoll allen Schmutz von mir abgeklopft und abgewaschen. Obwohl der Dreck stinkend und eklig war. Nichts war zu abstoßend für ihn, als dass es ihn abgehalten hätte, sich mir zu nähern. All meine Rebellion, all meine Sünde und Schuld. All mein Egoismus. All die Verletzungen, die ich anderen zugefügt habe, wurden mir vergeben! All meine Fehler. Angefangen von der kleinsten nicht ganz wahren Ausschmückung in einer Erzählung bis hin zu den richtig dicken Dingern, die ich mir im Laufe meines Lebens schon geleistet habe.

Auch wenn wir uns das nicht gerne eingestehen: Wir machen Fehler und werden schuldig. Eigentlich wissen wir das alle ziemlich gut, obwohl wir darum bemüht sind, es zu verstecken. Gott kennt diese Fehler, die Sünde, an uns. Er kennt die zerstörerische Kraft, die die Sünde auf unser Leben hat. Sünde ist tödlich! Sie macht unser Leben kaputt und sie beleidigt und verhöhnt Gott! Sie trennt uns von ihm.

Vor ihm können wir sie nicht verstecken. Aber das müssen wir auch nicht. Denn er geht anders mit unseren Fehlern und Unzulänglichkeiten um, als wir vielleicht vermuten würden. Er schaut uns mit unseren Fehlern an und sagt uns trotzdem, wie sehr er uns liebt. Und das, obwohl wir durch sie dreckig und schuldig sind.

Aber er liebt uns zu sehr, um uns so dreckig zu lassen. Er möchte uns davon reinigen. Er möchte uns vollkommen reinwaschen und dann mit neuen wunderschönen Kleidern schmücken. Wir dürfen zu Jesus kommen und uns von ihm reinigen lassen. Wir dürfen zu ihm kommen und aus seinem Mund die liebevollsten Worte hören. Ein „Ich liebe dich trotzdem. Auch wenn du dich wieder so bekleckert hast". Ein „Du bist einfach wunderschön und liebenswert, obwohl du so von der Ekelschmiere der Sünde eingehüllt bist". Bei ihm hören wir ein „Trotzdem", ein „Obwohl". Weil er tiefer blickt. Weil er uns in unserer Not des Drecks und der Schuld sieht.

Jesus kam auf diese Welt und starb für unsere Schuld. Das ist die wunderbare Nachricht der Hoffnung und Freude. Durch seine Vergebung steht unser Schuldenberg nicht mehr zwischen uns und Gott. Der Weg für die Liebesbeziehung ist frei. Weil er der Retter ist. Der Retter aus Not, Schuld und tiefem Morast.

Ich darf bei Gott die Vergebung all meiner Schuld erleben. Und wie? Ich darf zu ihm kommen und sagen: „Erlöse mich! Vergib mir meine Schuld! Mach mich sauber! Wasch du den Dreck der Schuld von mir ab! Mach mich frei!" Er wird dieses Gebet immer erhören und erfüllen.

Wem dieser riesige Schuldenberg vergeben und weggenommen wurde, der kann sich wirklich freuen! Der ist wirklich frei und wirklich befreit! Und diese Befreiung durch Jesus Christus, den Sohn Gottes, zu erleben, ist einfach überwältigend schön. Vergebung und Frieden mit Gott sind das beste Geschenk, das man erhalten kann. Ich bin ihm auf ewig dankbar und stehe durch diese Gnade tief in seiner Schuld.

Wenn du dieses Glück, die Befreiung all deiner Schuld noch nicht erlebt hast, dann warte nicht! Was hindert dich? Es ist der Schlüssel zu wahrer Lebensfreude.

Weil ich dich liebe

*Doch Gott erklärt uns aus Gnade für gerecht.
Es ist sein Geschenk an uns durch Jesus Christus,
der uns von unserer Schuld befreit hat.*
Römer 3,24 (NL)

Meine Liebe,

ich möchte dir gerne meine Liebe beweisen. Möchte dir zeigen, wie wertvoll du für mich bist. Liebe zeigt sich im Geben. Wusstest du, dass ich alles für dich gegeben habe? Weil ich dich liebe.

Als du nicht mehr weiterwusstest, weil du so verwoben in deinen Ausreden, Verstrickungen und Lügen warst.

Als du schockiert über dich selber warst und dich nur kopfschüttelnd gefragt hast, wie du nur so etwas tun konntest.

Als du dir von Herzen gewünscht hast, an der Uhr drehen zu können, um alles noch einmal neu und besser zu machen.

Als du nicht mehr zur Ruhe kamst, weil dein Gewissen dich so gequält hat.

Als du dich so schmutzig gefühlt hast, dass keine Seife der Welt dir Erleichterung bringen konnte.

Als du vor deinem Leben standst wie vor einem Scherbenhaufen.

Ich will dich retten. Aus jeder Lage. Von aller Schuld. Ich bin der, zu dem du immer kommen kannst. Ohne Angst. Ohne Sorge, verurteilt oder abgestempelt zu werden. Weil ich dich liebe.

Ich habe dich in deiner Not gesehen und zeige dir den Ausweg.

Ich nehme die Scherben deines Lebens und entwerfe ein Meisterstück aus ihnen, über das du staunen kannst.

Ich wende mich von deinem Schmutz nicht ab, sondern wasche dich behutsam wieder sauber.

Ich vergebe dir alle Schuld, damit du wieder befreit zur Ruhe kommen kannst.

Ich habe Gefangenschaft und Tod auf mich genommen, damit du frei sein kannst.

Ich habe mein Leben für dich gegeben, damit du leben kannst.

Weil du es mir wert bist. Weil ich mir wünsche, mit dir zusammen zu sein. Weil ich dich liebe.

Ich bin dein Retter. Ich rette dich vom ewigen Tod.

Ich bin dein Befreier. Ich befreie dich von aller Schuld.

Ich bin dein Heiler. Ich verbinde alle deine Wunden.

Ich bin dein Lebensgeber. Ich schenke dir das wahre Leben.

Ich bin dein Berater. Ich zeige dir den richtigen Weg.

Ich bin dein Freund. Ich werde dich nie im Stich lassen.

Ich bin dein Liebesspender. Ich fülle deine Liebestanks bis zum Überfließen.

Weil ich dich liebe.

Dein Jesus

Danke!

Jesus!

Danke, dass du tatsächlich für all meine Fehler aufkommst.

Danke, dass du meine Schuld bezahlt hast.

Danke, dass mir deshalb vergeben ist.

Danke, dass du mir _____ vergeben hast.

Danke, dass auch _____ dich nicht davon abgehalten hat, mich zu lieben.

Danke, dass du mich willst, obwohl ich _____.

Danke, dass du mich wundervoll findest, trotz meiner Vergangenheit.

Danke, dass ich in eine hoffnungsvolle Zukunft blicken darf, weil du meine Hoffnung bist.

Danke, dass du dich nie wieder an Schuld erinnerst, die du einmal vergeben hast.

Danke, dass du mich liebst, wie ich bin.

Danke, dass du mich so sehr liebst, dass ich nicht bleiben muss, wie ich bin.

Danke, dass du mich reinigst und heilig machst.

Danke, dass ich deine Geliebte sein darf.

Deine _____

JESUS LIEBT DICH *so sehr*,
DASS ER AUCH DANN BEREIT
GEWESEN WÄRE, FÜR DICH
AM *Kreuz* ZU STERBEN,
WENN DU DER *einzige* MENSCH
AUF ERDEN GEWESEN WÄRST.

CORRIE TEN BOOM

GIFTPFEILE

„Wie mich der Vater liebt, so liebe ich euch."
Johannes 15,9 (Hfa)

„Boah, du bist so hässlich!" Überheblich sieht sie mich an. Ihre Freundin daneben kichert. Sie haben ihren Spaß. Oder wollen einfach nur ihre Langeweile vertreiben. Aber ihre Worte treffen wie Giftpfeile tief in mein Herz. Ich bin sowieso nicht besonders überzeugt von meinem Äußeren. Aber sehe ich wirklich so schlimm aus, dass sie ihre abwertende Meinung quer durch den ganzen Klassenraum abfeuern muss? Ja, wahrscheinlich hat sie recht. Ich bin hässlich. Und wenn jemand vor allen so etwas zu mir sagt, wohl auch wertlos.

Hast du dich schon mal abgelehnt gefühlt? Sitzen gelassen? Ausrangiert? Oder übersehen? Abgeschossen von den Giftpfeilen anderer Menschen? Bestimmt ist dir eine oder mehrere dieser Emotionen nicht fremd. Ich habe mich schon öfter in Situationen wiedergefunden, in denen ich dachte: „Ich halte das nicht mehr aus! Es macht mich so fertig." Dieser innere Schmerz der Verletzung, der Verzweiflung nagt an einem. Vielleicht sogar die Angst. Das Gefühl, wertlos zu sein. Versagt zu haben. Dass andere sowieso besser, talentierter und schöner sind.

Es gibt so viele Ereignisse, die einen im Nullkommanichts in dieses Abseits kicken können. Der Verlust der Arbeitsstelle, die einen so erfüllt hat. Die Absage der Bewerbung, auf die man doch so große Hoffnung gesetzt hatte. Das Ende der Beziehung, bei der man gedacht hat, den Partner fürs Leben gefunden zu haben. Die zickigen Arbeitskolleginnen, die einem durch ihre messerscharfen Worte tiefe Wunden zufügen. Wir alle werden auf die unterschiedlichsten Arten verletzt. Und fühlen uns dadurch wertlos, minderwertig oder nicht liebenswürdig.

Wir brauchen Heilung. Heilung für unsere Verletzungen. Jesus spricht Wahrheit in unser Leben und reißt damit die Pfeile der Lügen und Gemeinheiten aus, die uns quälen. All die verletzenden Worte, die wir uns anhören mussten. Die Anschuldigungen. Die Verurteilungen. Das Schubladendenken. Er entzieht unserem Körper das Gift und durchflutet uns mit Zuspruch.

Jesus ist der beste Arzt (Matthäus 9,12). Seine Worte sind wie Balsam. Wie Medizin dringen sie in unser Inneres und schaffen Heilung. Wir sind von ihm geliebt. Und das gibt uns Wert. Seine Worte der Liebe schmiegen sich um unsere Seele wie ein schützender Verband um unsere Wunden. Er spricht so viel Wertschätzung und Liebe über uns aus, dass wir in diesem Ozean der inneren Heilung baden können.

„Wie mich der Vater liebt, so liebe ich euch", beteuert er uns (Johannes 15,9; Hfa).

Wenn diese Worte nicht aus seinem Mund stammen würden, ich könnte sie nicht glauben. Was für eine Aussage! Jesus liebt mich so, wie der Vater ihn liebt. Kann das wirklich wahr sein?

„Gott ist Liebe", heißt es in der Bibel (1. Johannes 4,8). Zwischen Vater, Sohn und Heiligem Geist herrscht das perfekte Liebesklima. Kein Hauch von Egoismus, Herrschsucht oder Sünde. Innerhalb der Dreieinigkeit gibt es nur reine, heilige und durch nichts getrübte Liebe. Und in dieses perfekte Liebesverhältnis darf ich mich mit hineinnehmen lassen. Ich darf diese göttliche Qualität der Liebe tatsächlich erleben. Ich darf mich von Jesus lieben lassen. Weil er mich lieben will. Obwohl ich so alles andere als perfekt bin. Obwohl es eine Million Gründe gibt, die dagegensprechen.

Seine Liebe heilt meine Wunden. Die Wunden, die mir vielleicht schon vor langer Zeit zugefügt wurden. Und die, die brandaktuell sind. Ich darf erleben, wie ich bei ihm zur Ruhe komme, wenn ich wieder einmal aufgewühlt und verletzt bin.

Meine Liebe, zögere nicht, mit deinen Verletzungen und Wunden zu Jesus zu kommen. Er will dich heilen. Erlebe, wie er deine schmerzenden Stellen durch seine Liebe verbindet. Spüre die Wirkung dieser reinen und perfekten Liebe. Einer Liebe, die stärker ist als der schärfste Giftpfeil.

Du wirst von Jesus mit derselben Liebe geliebt, die in der Dreieinigkeit herrscht. Einfach nur deshalb, weil Gott die Liebe ist. Und du darfst durch Jesus Teil dieser Liebesbeziehung werden. Was für eine Gnade.

Eine Lilie unter Dornen

*„Ich bin eine Rose von Scharon, eine Lilie der Täler." –
„Ja, wie eine Lilie unter Dornen, so ist meine Freundin
unter den anderen Mädchen."*
Hoheslied 2,1-2 (NL)

Manchmal fühlst du dich so unbedeutend, richtig?
Du siehst all die wunderbaren und begabten Menschen um dich herum und fragst dich, warum du so gewöhnlich bist. Du liest Biografien über herausragende Persönlichkeiten und hörst News über Megakirchen und Lobpreisbands, die die Welt bereisen.
Fragen wie: „Warum bin ich nichts Besonderes?", nagen an dir.
Du denkst, du bist nur eine unter vielen.

Manchmal fühlst du dich so unbedeutend, richtig?
Du schaust dir dein Leben an und fragst dich, was du eigentlich erreicht hast. Soll das wirklich alles gewesen sein? Der Alltag. Die Routine. So eintönig. So wenig spannend. Früher einmal hast du von einem Leben voller Abenteuer geträumt. Du wolltest nach den Sternen greifen. Aber jetzt merkst du, dass du nicht einmal die Zimmerdecke erreichst.
Fragen wie: „Kann ich wirklich nicht mehr vom Leben erwarten?", nagen an dir.
Du denkst, du bist nur eine unter vielen.

Manchmal fühlst du dich so unbedeutend, richtig?
Täglich stellst du fest, dass du es nicht schaffst, mit deinen eigenen Erwartungen Schritt zu halten. Du hast dir so viel vorgenommen. So gute Ideen. So viele Vorsätze. Eigentlich. Aber du hast das Gefühl, dir so oft selbst im Weg zu stehen. Es ist so schwer durchzuhalten. An sich zu arbeiten und Dinge zu verändern.
Fragen wie: „Warum schaffe ich es einfach nicht?", nagen an dir.
Du denkst, du bist nur eine unter vielen.

Manchmal fühlst du dich so unbedeutend, richtig?
Du hast das Gefühl, dass du nicht so wertvoll bist. Du denkst, dass dein Können nicht ausreicht. Deine Schönheit nicht genug ist. Du schaust auf deine Ecken und Kanten. Vielleicht auch auf deine Rundungen. Siehst all deine Schwächen und Unzulänglichkeiten. Bist überzeugt, dass andere so viel besser seien als du.
Fragen wie: „Bin ich liebenswert?", nagen an dir.
Du denkst, du bist nur eine unter vielen.

Aber ich möchte dir sagen, dass du nicht unbedeutend bist.
Du bist nicht nur eine unter vielen. Eine Rose im Meer von anderen Rosen. Eine Lilie im Lilienfeld. Im Tal, wo alle Blumen sind.
Nein, du bist besonders in meinen Augen. Du bist eine Lilie unter Dornen. Dort, wo alles kahl und stachelig ist. Dort, wo es pikst und wehtut. Dort habe ich dich gesehen. Und deine Schönheit erstrahlt inmitten von Gestrüpp und Dornen.
Du bist nicht eine unter vielen.
Du bist wie eine Lilie unter den Dornen.
Besonders.
Weil du von mir geliebt bist.

Dein Jesus

Wenn wir uns selbst nur für eine Sekunde mit den Augen der *Liebe Gottes* sehen könnten, dann hätten sich unsere Selbstzweifel gleich für eine ganze *Ewigkeit* verflüchtigt.

Hans-Joachim Eckstein

Steh auf und komm!

*„Mein Geliebter sagt zu mir:
‚Steh auf, meine Freundin,
meine Schöne, und komm!
Denn der Winter ist vorüber,
die Regenzeit ist vorbei und vergangen.
Die Blumen beginnen zu blühen,
die Zeit des Singens ist gekommen:
Überall in unserem Land hört man
die Turteltaube gurren.
Die Feigenbäume tragen Knospen,
die Reben stehen in Blüte
und verströmen ihren Duft.
Steh auf, meine Freundin,
meine Schöne, und komm!'"*
Hoheslied 2,10-13 (NL)

„Steh auf und komm!"
Aufstehen. Ich weiß nicht, ob ich das wirklich will. Es verlangt mir so viel ab. Ich kann mich nicht länger hinter mir selbst verstecken. Wenn ich aufstehe, werde ich in der sitzenden Masse auffallen und gesehen werden. Will ich das? Es ist so gemütlich hier. So vertraut. Will ich das wirklich zurücklassen? Will ich wirklich etwas Neues wagen? Die Kosten des Aufstehens sind hoch. Neues hat auch etwas mit Schwierigkeiten, mit Herausforderungen zu tun. Es ist so schwer, sich umzustellen. Sich auf etwas ganz anderes einzulassen. Doch du flüsterst mir zu:

„Steh auf und komm!"
Etwas Neues zu beginnen ist meistens nicht leicht. Die Angst, was passieren könnte. Die Sorge, wie sich das Leben vielleicht verändert. Was wird hinter der nächsten Ecke auf mich warten? Werde ich mich wohlfühlen? Werde ich das Alte vermissen? Will ich wirklich Veränderung? Doch du flüsterst mir zu:

„Steh auf und komm!"
Du sagst, dass es Zeit ist für etwas Neues. Dass der Frühling des Lebens beginnen kann. Dass du mich an die Hand nehmen willst, um mir das wahre Leben zu zeigen. An deiner Seite. Nie mehr allein. Sondern mit dir. Ein Hoffnungsschimmer beginnt, mit seinem zarten Glanz Konturen um meine Ängste zu formen. Könnte es sein, dass tatsächlich ein neues Leben auf mich wartet? Eine Existenz in Freude, so wie du es mir sagst? Und du flüsterst mir zu:

„Steh auf und komm!"
Du sagst, dass du mir das Leben in seiner ganzen Fülle zeigen willst. Dass ich durch dich erleben kann, was es tatsächlich heißt zu leben. Und nicht bloß zu existieren. Du tröstest mich und sagst, dass du mir einmal alle Tränen von den Wangen wischen wirst. Dass du all meine zahlreichen Wunden verbinden willst. Du flüsterst mir zu:

„Steh auf und komm!"
Du nennst mich deine Freundin, deine Schöne, deine Liebe. Bin ich schon einmal so mit Liebe überschüttet worden? Ich kann gar nicht fassen, was gerade passiert. Gibt es tatsächlich Hoffnung für mich? Der Winter ist vorbei, sagst du mir und lächelst. Das pure Leben wartet auf mich. Denn du bist das pure Leben. Ich staune und frage: Warum ich? Und du flüsterst mir zu:

„Weil ich dich liebe!"

MUTIG

„Denn ich weiß genau, welche Pläne ich für euch gefasst habe",
spricht der Herr. „Mein Plan ist, euch Heil zu geben und kein
Leid. Ich gebe euch Zukunft und Hoffnung."
Jeremia 28,11 (NL)

Eigentlich bin ich kein mutiger Typ. Ich mag Sicherheit. Wenn etwas verlässlich ist. Leider funktioniert das ja nicht immer. Das Leben ist voller Ungewissheiten. So vieles, das ich weder steuern, beeinflussen noch verhindern kann. Manchmal macht mir das ganz schön Angst.

Dinge aus der Hand zu geben ist nie einfach. Vor allem, weil in den meisten von uns doch so ein kleiner bis mittelgroßer Kontrollfreak steckt, oder? Wir lieben es, Dinge zu planen und dann auch mit ihrem Eintreffen zu rechnen. Wenn alle Pläne über den Haufen geworfen werden und sich das Lebenspuzzle neu formiert, sind wir oft erst mal nicht wirklich begeistert. Zumindest ist das bei mir so. Ich kann ganz schön ungemütlich werden, wenn jemand versucht, meine (in meinen Augen perfektionierten) Pläne durcheinanderzuwirbeln. Davon kann mein armer Lieblingsmann eine Arie singen. Er bekommt meine Zickereien dann nämlich am meisten ab.

Und trotzdem: Es ist eine Sache, wenn sich bestimmte Lebensbereiche, die ich versuche zu gestalten, anders entwickeln. Was ist aber, wenn ich meine gesamte Lebensplanung loslasse? Was ist, wenn ich mein Leben und damit mich selbst an jemand anderen abgebe? Macht sich da bei dir auch so ein seltsames Gefühl breit? Ein Gefühl der Angst und der Unsicherheit? Was hat das für Konsequenzen? Wie wird es mir damit gehen?

Ich merke immer mehr, dass das Entscheidende bei diesen Fragen ist, *wem* ich mein Leben übergebe. Wie ist er? Wie ist sein Charakter? Meint er es gut mit mir? Liegt ihm mein Wohl am Herzen? Bin ich ihm wichtig? Wenn ich mich jemandem hingebe, der mich nicht liebt, sondern lediglich seine egoistischen Ziele verfolgt, dann habe ich ein Problem. Dann wird es mir mit Sicherheit nicht gut gehen. Weil der, dem ich mich anvertraue, sich nicht um mein Wohlergehen kümmert.

Jesus liebt mich mit der perfektesten Liebe. Er gab alles auf für mich. Für ein Leben mit mir. Was ist meine Antwort darauf? Jesus stellt mir die Frage, ob ich bereit bin, alles hinter mir zu lassen und ihm nachzufolgen. Mich ihm ganz hinzugeben. Mich ganz an ihn zu verschenken. Mein Leben mit ihm zu leben. Kann ich das wagen?

Wie sieht er mich denn? Bin ich ihm wichtig? Ich meine: *wirklich* wichtig? Es kann doch nicht sein, dass der Herr des Universums daran interessiert ist, wie ich tagtäglich lebe, was ich tue und was ich nicht tue, wie ich den Streit mit meiner Nachbarin wieder bereinigen kann, wie ich mit dem Druck auf der Arbeit umgehe oder es einfach schaffen kann, mal wieder disziplinierter zu werden und früh schlafen zu gehen. Er muss doch Besseres zu tun haben, als sich um meine Minibelange zu kümmern.

Manchmal gehen mir solche Gedanken durch den Kopf und ich bin absolut überwältigt, seine Antwort zu hören. Er verspricht mir in der Bibel, dass er einen Plan für mein Leben hat. Dass er meine Zukunft gestaltet. Dass es ihm nicht egal ist, was mit mir passiert und was oder wer mir begegnet. Er versichert mir, dass ich wertvoll für ihn bin und er bestens für mich sorgen wird.

Wenn ich mich jemandem anvertraue, der mich nicht liebt, dann wird es mir schlecht gehen. Wenn ich mich aber jemandem hingebe, der mich über die Maßen liebt, dann kann ich mich beruhigen. Denn dann wird er sich für mein Bestes einsetzen. Und wenn dieser Versorger dann noch allmächtig und durch nichts und niemanden eingeschränkt ist: Wovor sollte ich mich dann noch fürchten?

Er liebt mich mehr, als ich mich selber je lieben könnte. Wenn ich schon tagein, tagaus versuche, alles zu tun, damit es mir gut geht und ich sicher und glücklich sein kann, wie viel mehr wird er es dann für mich tun?

Er webt jede Faser meines Lebens meisterhaft zu einem wunderbaren Kunstwerk zusammen. Jeder Faden hat seinen Platz und seinen Sinn. Das Material, die Farben: Alles ist gut überlegt ausgewählt und mit Geschick und Liebe zum Detail verarbeitet.

Darum will ich mutig sein und ihm mein Ja geben. Mein Ja zu ihm. Mein Ja zu seinen Lebensvorstellungen. Mein Ja zu seinen Plänen. Mein Ja zu einem Leben an seiner Seite.

Ich vertraue mich ihm an. Vielleicht zweifelnd und fragend. Zaghaft. Mit Aufregung im Bauch. Und auch einer gehörigen Portion Unsicherheit.

Aber ich tue es trotzdem. Weil ich schon jetzt diesen zarten Hauch seiner Liebe spüre. Ich brauche Heilung und Frieden. Ich brauche Hoffnung und Zukunft. Und das gibt er. Will mich damit beschenken. Ich sehe seine offene Hand. Mir entgegengestreckt. Darauf wartend, dass ich sie ergreife.

Und ich nehme sie. Wage den Schritt zu ihm. Zu einem Leben an seiner Seite. Wo das Abenteuer des Lebens beginnt.

GENIESSEN

Wie schön es mit dir ist!

ZWEISAM STATT EINSAM

Du bist nicht mehr allein. Du hast Jesus an deiner Seite. Darfst mit ihm durchs Leben gehen.

Wenn du ihn bei dir hast, wird dein Leben reich. So überreich. Er füllt dich bis zum Überfließen. Gibt dir den Halt, nach dem du sich sehnst. Durch ihn bekommst du eine neue Identität geschenkt. Du bist jetzt sein.

Freudenfest

*„Ich sage euch: So wird auch im Himmel
Freude herrschen über einen Sünder,
der zu Gott umkehrt."
Lukas 15,7 (Hfa)*

Meine Freundin!

Wie wunderbar ist es mit dir. Dass du mir deine Hand gegeben hast. Dass du es gewagt hast. Dich mir anvertraut hast. Wenn jemand zu mir kommt und mir sein Leben schenkt, dann kann es nichts anderes als eine wundervolle Party geben. Du glaubst gar nicht, wie ich mich freue. Wie sich der ganze Himmel mit uns freut. Ein Freudenfest.

Ich verspreche dir Erfüllung. Dein Leben wird nie mehr leer und eintönig sein, denn du hast mich. Ich bin das wahre Leben. Und wer bei mir ist, hat Anteil an diesem tiefen, reichen, überfließenden Leben. Dein Leben wird reich. Und der ganze Himmel freut sich mit uns. Ein Freudenfest.

Es wird nicht immer leicht sein. Auch schwierige Zeiten und herausfordernde Momente werden kommen. Aber ich lasse dich in Nöten und Problemen nicht alleine. Ich bin an deiner Seite. Und gerade in diesen Zeiten wirst du meine Treue erleben. Sodass sogar noch Freude im Leid möglich sein wird. Und der ganze Himmel wird sich mit uns freuen. Ein Freudenfest.

Du lässt viel zurück. Aber was du bekommst, ist mehr. Weit mehr. Du lässt deine alte Existenz zurück. Deine alte Natur. Das, was dich so oft in Probleme katapultiert hat. Dafür erhältst du mich. Und damit eine neue Natur. Eine wunderbare und heilige neue Existenz. Und der ganze Himmel freut sich mit uns. Ein Freudenfest.

Du hast nun ein Ziel. Bist nicht mehr planlos. Und unsicher, wohin der Weg gehen soll. Du weißt jetzt: Der Weg führt zu mir. In meine Arme. Und in eine Ewigkeit mit mir zusammen. Auch wenn der Weg nicht immer gut zu sehen ist. Oder schwierig zu passieren. Du kennst ihn. Und an meiner Hand wirst du sicher ans Ziel kommen. Sodass der ganze Himmel sich mit uns freut. Ein Freudenfest.

Wie wunderbar ist es mit dir. Dass du mir deine Hand gegeben hast. Dass du es gewagt hast. Dich mir anvertraut hast. Du glaubst gar nicht, wie ich mich freue. Wie sich der ganze Himmel mit uns freut. Ein Freudenfest.

Dein treuer Begleiter

Jesus Christus

FREUT EUCH ZU JEDER ZEIT, DASS IHR *zum Herrn gehört*. UND NOCH EINMAL WILL ICH ES SAGEN: *Freut euch!*

PHILIPPER 4,4 (HFA)

VON BLAU ZU ROSA

*Gehört also jemand zu Christus,
dann ist er ein neuer Mensch.
Was vorher war, ist vergangen,
etwas völlig Neues hat begonnen.*

2. Korinther 5,17 (Hfa)

Uff! Das fällt mir schwerer als gedacht. Liebevoll streiche ich ein letztes Mal über die Streifen an der Wand. Eine Komposition aus Pastellgrün, Babyblau und strahlendem Weiß. Wie viel Mühe ich mir damals gemacht hatte! Es war so viel Arbeit gewesen, das alles abzukleben und vorsichtig zu streichen. Und jetzt soll das ganze Kunstwerk ein für alle Mal vorbei sein? Ich werde unsicher. Muss das wirklich sein?

Wir sind am Renovieren. Unsere Tochter soll langsam aus unserem Schlafzimmer ausquartiert werden und ihr eigenes Zimmer bekommen. Ihr neues Zimmer ist das alte Zimmer der beiden großen Jungs. Die wiederum sollen auch ein neues Zimmer erhalten, das etwas größer ist. Das bedeutet, zwei Zimmer neu zu machen mit Streichen und allem Schnickschnack.

Ich muss gestehen: Sosehr mir das Aussuchen der neuen Zimmerfarben und das Umstellen der Möbel auch Spaß macht, ich habe ein riesiges Problem. Ich hänge an den alten Zimmern! Ich habe viel Mühe in sie investiert, als ich sie vor einigen Jahren liebevoll gestrichen und gestaltet habe. Ein komplettes Make-over heißt nun, über die alten Farben drüberzustreichen. Wow, fällt mir das schwer!!! Aber die alten Farben zu behalten geht auch nicht. Aus einem Jungenzimmer soll schließlich ein Mädchenzimmer werden (und meine Tochter liebt völlig untypischerweise Rosa ;-).

Ich muss also den Farbroller nehmen und über die wunderschön gestalteten Wände malen, bis die alten Farben verschwunden sind. Nur so kann etwas Neues entstehen.

Etwas Neues. Welche Gefühle regen sich bei diesem Wort bei dir? Abenteuerlust? Angst? Begeisterung? Neugierde? Unbehagen? Schnell entsteht ein ganzer Gefühlscocktail, wenn wir über Neues nachdenken.

Ich bin normalerweise eher der „Yeah-etwas-Neues"-Typ und liebe es, aufgeregt über verschiedene Möglichkeiten nachzudenken und rumzuspinnen, was man alles neu angehen könnte. Aber natürlich kenne ich auch die andere Seite der Medaille: Neues kann einen erschrecken. Man weiß nicht so recht, worauf man sich einstellen soll. Wie alles werden wird. Ob so oder so: Neues ist aufregend.

Wenn ich Jesus mein Leben schenke, dann entsteht etwas Neues. Mein altes Leben ist weg. Ich habe es an Jesus abgegeben. Dafür schenkt er mir ein neues Leben. Eine neue Existenz. Eine neue Identität. Einen Komplettanstrich. Ist das nicht aufregend? Eine neue Existenz mit Jesus ist wie eine frisch zugeschneite Winterlandschaft oder ein unbeschriebenes Blatt. Blanko. Du bist frei. Du bist rein. Alles ist möglich. Neues darf entstehen.

Es ist so wichtig, dass wir diese Wahrheit tief in uns aufnehmen. Wir sind durch Jesus neu gemacht. Vielleicht warst du früher eine Lügnerin. Jetzt bist du es nicht mehr. Das Alte ist weg. Neues ist durch Jesus entstanden. Vielleicht warst du früher eine Tratschtante. Jetzt bist du es nicht mehr. Das Alte ist weg. Neues ist durch Jesus entstanden. Vielleicht warst du früher eine Steuerhinterzieherin. Jetzt bist du es nicht mehr. Das Alte ist weg. Neues ist durch Jesus entstanden.

Egal was du früher warst: Jetzt kannst du eine ehrliche Steuerzahlerin sein. Eine liebevolle Freundin. Eine geduldige Mama. Eine hilfsbereite Kollegin. Eine dankbare Tochter. Eine Botschafterin von Wertschätzung und Liebe. Weil Jesus dich neu gemacht hat und du von nun an aus seiner reichen Lebensquelle schöpfst und lebst.

Wenn ich jetzt durch die Zimmer meiner Kinder gehe, bin ich begeistert. Ich liebe die neue Gestaltung. Bin so gerne in diesen Räumen. Auch wenn es nicht ganz leicht war, dem Alten Lebewohl zu sagen: Es hat sich gelohnt. Es ist etwas wunderschönes Neues entstanden. Egal wie dein altes Leben gestaltet war: Deine neue Lebensfarbe wird besser sein. Sich an Neues zu gewöhnen ist nicht immer einfach. Aber trotzdem: An bessere Dinge gewöhnt man sich schnell und will dann nie wieder zurück.

> *Jesus* ERWÄHLT UNS NICHT DESHALB, WEIL WIR ETWAS SIND, SONDERN WEIL ER AUS UNS ETWAS MACHEN *will*.
>
> — REINHARD BONNKE

Lovenotes

*Nichts kann uns von seiner Liebe trennen.
Weder Tod noch Leben, weder Engel noch Mächte,
weder unsere Ängste in der Gegenwart
noch unsere Sorgen um die Zukunft,
ja nicht einmal die Mächte der Hölle
können uns von der Liebe Gottes trennen.*
Römer 8,38 (NL)

Meine Wundervolle!

Ich möchte dich gerne immer wieder daran erinnern, wie groß meine Liebe zu dir ist. Wie sehr ich über dich jubeln kann. Mein Wort ist überreich an Liebesbotschaften für dich. Ich lade dich ein, sie zu entdecken und zu glauben. Erlebe, wie meine Worte dich erfrischen. Wie sie dir guttun.

Wie wär's, wenn du deine Bibel nimmst und einfach mal ein paar meiner kleinen Lovenotes nachliest, meiner Stimme lauschst und dein Herz damit beschenken lässt? Ich habe ein paar herausgesucht, die mich selbst zum Lächeln bringen ...

Dein Bräutigam

1. Mose 16,13

Du wirst von Gott gesehen, angeschaut.

Lukas 12,6-7

Du bist in den Augen Gottes wert geachtet.

Psalm 139,14

Du bist wunderbar erschaffen.

Epheser 1,5

*Durch Jesus bist du schon im Voraus dazu bestimmt,
Gottes Tochter zu sein.*

Römer 8,17

Du bist mit Jesus zusammen Erbin Gottes.

1. Thessalonicher 1,4 und Römer 5,8

Du bist von Gott geliebt. Er gab seinen Sohn für dich.

Galater 2,20

*Jesus Christus, Gottes Sohn, liebt dich
und hat sich für dich hingegeben.*

Johannes 13,10 und Hebräer 10,22

*Du bist rein, weil du durch
das Blut von Jesus gereinigt wurdest.*

Kolosser 2,13+14 und Epheser 1,7

Alle deine Sünden sind dir vergeben.

2. Korinther 5,18

Du bist mit Gott versöhnt.

Kolosser 3,12

Du bist Gottes Erwählte, Heilige und Geliebte.

Johannes 14,27 und Römer 5,1

Du hast Frieden bekommen.

Römer 5,5

*Der Heilige Geist gießt Gottes Liebe
in dein Herz aus.*

Johannes 15,15

Jesus nennt dich seine Freundin.

Zefanja 3,17

*Gott ist bei dir und rettet dich.
Wenn er an dich denkt, dann jubelt er
und freut sich von ganzem Herzen über dich.*

1. Thessalonicher 5,5

Du bist ein Kind des Lichts und nicht der Finsternis.

Philipper 3,20 und Epheser 2,6

Du bist eine Bürgerin des Himmels.

Hebräer 3,1

Du hast an der himmlischen Berufung teil.

NAMENSSACHE

*Mein altes Leben ist mit Christus am Kreuz gestorben.
Darum lebe nicht mehr ich, sondern Christus lebt in mir!*
Galater 2,19-20 (Hfa)

Aufgeregt kritzle ich auf einem Papierschnipsel herum. Immer und immer wieder schreibe ich dasselbe Wort. *Löwen.* Mal so und mal so. Hier ein Schnörkel. Da ein Strichlein verändert. *Löwen. Löwen. Löwen.* Ich übe meine neue Unterschrift. Begeistert, wie man als Bride-to-be nur sein kann, versuche ich, den perfekten Style für meinen neuen Namen zu entwickeln. Was für ein Adrenalinkick. Bald werde ich diese neue Unterschrift ständig brauchen. Ich bekomme einen neuen Namen. Werde Teil einer neuen Familie. Meine Identität ändert sich. Aus Anne Rösler wird Anne Löwen.

Ein neuer Name. Eine neue Identität. Wie spannend!

Vielleicht musstest du noch nie üben, einen neuen Namen zu schreiben. Aber Teil einer neuen Familie kannst du werden. Ganz ohne Standesamt. Wenn wir Jesus unser Leben schenken, dann schenkt er uns eine neue Identität dazu. Wir gehören dann zu ihm. Werden Teil der Familie Gottes. Wir bekommen eine neue Familie geschenkt. Einen neuen Familiennamen. Gotteskind.

Ist das nicht fast zu schön, um wahr zu sein? Jesus, der Sohn Gottes, der Erste, der den Namen Gotteskind trägt, hält dir seine Hand hin. Wenn du ihm dein Jawort gibst, dann nimmt er dich zu sich. Er stellt dich seinem Vater mit den Worten vor: „Papa, das ist meine Braut. Ich liebe sie von ganzem Herzen. Ich bin dir so dankbar, dass du mich in die Welt gesandt hast, um sie zu erretten vom ewigen Tod. Von einer Existenz in Trauer,

Schmerz und Leiden. Einer Existenz allein ohne mich. Ich bin so glücklich, dass sie jetzt zu uns gehört. Und sich mit mir den Namen Gotteskind teilt. Dir sei die Ehre für dieses Wunder. Für diesen unendlich wunderbaren Plan!"

Wie im Märchen, oder? Aber dennoch wahr. Wir dürfen uns Gotteskind nennen. Ist es nicht interessant, dass das das einzige Mal in der Bibel ist, wo von unserem Recht die Rede ist? Es heißt dort:

> DIE IHN ABER AUFNAHMEN
> UND AN IHN GLAUBTEN,
> DENEN GAB ER DAS RECHT,
> KINDER GOTTES ZU WERDEN.
>
> *Johannes 1,12 (Hfa)*

Wenn wir Jesus unsere Hand geben, ihn aufnehmen, dann gibt er uns das Recht, uns Gotteskind zu nennen. Wenn ich Gottes Kind geworden bin, dann gehöre ich zu seiner Familie. Ich habe einen Vater. Gott, der mich bedingungslos liebt und auf mich aufpasst, beschützt, versorgt. Der ein Erbe für mich bereithält. Der mich beschenkt. Den ich immer aufsuchen kann. Der mich zum Guten erzieht.

Und ich habe nicht nur einen Vater, sondern auch Geschwister bekommen. Andere Menschen, die Gott ebenfalls als Vater haben. Denen ich vertrauen kann. Die mir helfen. Durch sie bin ich nicht allein. Wir sind eine Gemeinschaft. Wir sind zusammen Gottes Kinder.

Mit diesem neuen Namen dürfen wir uns nun auch identifizieren. Durch und durch. Das ist unsere neue Natur. Unsere Identität. Unser Name.

Und wenn ich ehrlich bin: Ich liebe seit jeher meinen neuen Namen Löwen, weil ich den Mann, durch den ich ihn erhalten habe, über alles liebe. Aber ich liebe meinen Namen Gotteskind noch mehr. Weil Jesus der wunderbarste Bräutigam ist.

> *Geliebte* zu sein,
> das ist unsere Identität,
> der *Kern* unseres
> gesamten Seins.
>
> — BRENNAN MANNING

Herzlich willkommen

*Gottes Geist selbst gibt uns die innere Gewissheit,
dass wir Gottes Kinder sind. Als seine Kinder aber sind wir –
gemeinsam mit Christus – auch seine Erben.*
Römer 8,16-17 (Hfa)

An meine geliebte Tochter!

Herzlich willkommen in der Familie!

Du glaubst gar nicht, wie sehr wir uns über dich freuen. Es ist so schön, dich bei uns zu haben. Du wirst dir wahrscheinlich kaum vorstellen können, wie lange ich dich schon als Braut für meinen Sohn ausgeguckt habe. Ich wollte ihm jemanden an die Seite stellen. Jemanden wie dich. Ja, ich weiß, dass du nicht perfekt bist. Und ich bin mir auch bewusst, dass du in Zukunft nicht alles immer brillant meistern kannst. Aber dennoch: Du bist eine wunderbare Braut für meinen Sohn.

Ihr passt wunderbar zusammen. Obwohl ihr so unterschiedlich seid. Aber durch seine vollkommene Liebe werdet ihr zusammengehalten, wie ein Geschenkband das Päckchen kunstvoll zusammenhält und verziert. Du musst nicht perfekt sein, weil er perfekt ist. Weil er nie einen Fehler macht. Weil er vergibt und alle Fehler zudeckt. Weil er durch sein Leiden und Sterben alles wieder in Ordnung gebracht hat. Es ist für dich unmöglich, ohne Sünde zu sein. Aber du hast ihn. Und das ist alles, was zählt.

Er macht dich rein. Er macht dich zu seiner wundervollen und perfekten Braut. Durch Gnade und Liebe. Du nimmst seinen Namen an. Und dieser Name rechtfertigt dich. Gotteskind. Du bist durch ihn aufgenommen in meine Familie. Weil du zu ihm gehörst, weil ihr eins seid, sehe ich ihn, wenn ich dich ansehe. Ich sehe nicht deine Ecken und Kanten. Ich sehe seine Schönheit in dir. Ich sehe nicht deine Fehler. Ich sehe seine Reinheit. Du bist erlöst durch ihn. Weil er dich liebt.

Du bist Erbin. Zusammen mit meinem Sohn. Du bist als seine Braut nicht von ihm wegzudenken. Ihr gehört zusammen. Und so teilst du auch sein Erbe mit ihm. Allein aus Gnade. Allein aus Gnade darfst du Anteil haben an einer Ewigkeit bei mir. Ohne Tränen, Leid und Schmerzen. Wo ich selbst alle Verletzungen heilen werde, die du je erlitten hast. Wo ich jede Träne behutsam wegwischen werde, die du je weinen musstest. Allein aus Gnade. Durch ihn.

Du darfst ohne Angst vor meinen Thron kommen. Darfst Wunder und Herrlichkeit bestaunen, die du dir niemals hättest träumen lassen. Du darfst dich bei mir zu Hause fühlen und dich in meiner Liebe baden. Du bist bei mir zu Hause. Angekommen in meiner Familie. Das ist das Erbe eines Gotteskindes.

Zweifle niemals an deiner neuen Identität! Lass dir von niemandem einreden, dass du nicht zu mir und meiner Familie gehören würdest. Dein Name ist Gotteskind. Und diesen Namen darfst du tragen, weil er dir von meinem Sohn geschenkt wurde. Weil er dich als seine Braut erwählt hat. Er ist dir aus Liebe und Gnade geschenkt. Und deshalb ist er dir auch sicher. Niemand kann dir diesen Namen wieder wegnehmen.

Mein Heiliger Geist in dir erinnert dich sanft an deine neue Familienzugehörigkeit. Lebe voller Erwartung und Freude. Denn es gibt keinen schöneren Platz als an der Seite meines Sohnes.

Von ganzem Herzen bist du angenommen!
So schön, dass du zu uns gehörst!

Dein himmlischer Vater

Gott

Trauer & Glück

„Aber über dir strahlt der Herr auf. Man kann seine Herrlichkeit über dir schon erkennen."
Jesaja 60,2 (NL)

Meine Wunderschöne!

Du glaubst gar nicht, wie traurig es mich macht,
dich so zu sehen.
Dieser verstohlene Blick ins Schaufenster, um zu überprüfen, ob die Frisur noch sitzt. Deine Anstrengung, den Bauch einzuziehen. Die Befürchtung, dass jemand deinen Style vielleicht nicht mag. All diese Bemühungen, immer up to date zu sein. Deine Unsicherheit. Deine zweifelnden Fragen, ob du schön genug bist. Warum machst du dich mit diesem Kram so verrückt? Warum sind dir Likes auf Facebook so wichtig? Warum studierst du Modezeitschriften und Pinterest mehr als mein Wort?

Du glaubst gar nicht, wie traurig es mich macht,
dich so zu sehen.
Du fütterst deine Gedanken mit Bildern, die nicht echt sind. Menschen sehen nicht so aus und sind nicht so makellos und glücklich, wie die Werbung sie dir präsentiert. Das alles ist nicht Realität. Das ist eine selbst gebastelte Welt, die Dinge idealisiert, obwohl es nur Dinge sind. Menschen haben sich Ideale ausgedacht, die niemand erreichen kann. Wie verrückt ist es, dass man einen Standard als Maß aufstellt, den es nicht gibt.

Du glaubst gar nicht, wie traurig es mich macht,
dich so zu sehen.
Wie du unter diesem Druck, diesem Perfektionswahn leidest. Wie du mit dem unrealistischen Schönheitsbild deiner Zeit kämpfst. Wie du dich um Dinge bemühst, die dich nicht glücklich machen. Darf ich dir sagen: Du suchst an den falschen Stellen nach Erfüllung. Orientierst dich an unwichtigen Maßstäben. All diese Dinge haben keinen ewigen Wert. Sie vergehen. Schneller, als du sie dir aneignen kannst. Was heute alle wollen, will morgen niemand mehr.

Du glaubst gar nicht, wie glücklich es mich macht,
dich so zu sehen.
Wenn du gelassen und entspannt durch diese Welt gehen kannst. Frei von Unsicherheit, weil du weißt, wer du bist. Zufrieden. Frei von Neid, weil du weißt, wer du bist. Du bist meine Geliebte. Du bist für mich wunderschön! Denn ich habe dich mit all meiner Weisheit und Allmacht erschaffen. Ich habe dich von Anfang an geliebt und erwählt. Du gehörst zu mir. Du bist wertvoll, weil ich dich liebe!

Du glaubst gar nicht, wie glücklich es mich macht,
dich so zu sehen.
Wenn du entdeckst, dass du nicht von der Meinung anderer abhängig bist. Es einfach nicht mehr so wichtig für dich ist, was sie sagen. Weil du so sicher in mir bist. Du brauchst ihre Anerkennung nicht mehr, weil du meine hast. Ihre Jubelrufe sind nicht mehr so entscheidend für dich, weil dir der ganze Himmel viel lauter applaudiert.

Du glaubst gar nicht, wie glücklich es mich macht,
dich so zu sehen.
Wenn du mit deinen Bedürfnissen und Sehnsüchten zu mir kommst. Du trägst dieses tiefe Bedürfnis in dir, schön zu sein und von anderen zu hören, dass du schön bist. Aber wusstest

du, dass ich dir diese Sehnsucht ins Herz gelegt habe, damit du damit zu mir kommst? Ich möchte dieses Bedürfnis stillen. Und ich bin auch der Einzige, der es wirklich stillen kann. Komm zu mir. Wenn du wieder einmal deprimiert bist, weil die Frisur überhaupt nicht sitzt oder die Jeans nicht mehr zugeht. Dann komm damit zu mir! Ich möchte dir sagen, wie begeistert ich von dir bin und welch eine Schönheit du in dir trägst. Ich selbst scheine durch dich und nichts auf der Welt kann dich schöner machen als ich selber.

Du glaubst gar nicht, wie glücklich es mich macht,
dich so zu sehen.
Der Moment, in dem du verstehst, dass du meine Herrlichkeit in dir trägst. Dass mein Licht dich erhellt und über dir erstrahlt. Du musst dieses Licht, diese Schönheit nicht selber produzieren. Du kannst von dir aus nicht so scheinen. Lass dich damit von mir beschenken. Sei wie ein Spiegel, der das Licht Gottes reflektiert. Denn dieses Licht, ich in dir, macht dich schön.

In ewiger Liebe

Jesus

BEAUTYQUEEN

Anmut betrügt und Schönheit vergeht, aber eine Frau,
die Ehrfurcht hat vor dem Herrn, soll gelobt werden.
Sprüche 31,30 (NL)

„Darf ich mich schminken?" Erwartungsvoll sehe ich ihn an. Ich ahne schon, was die Antwort sein wird. Es kann ja kaum anders sein. „Nee, det läscht de ma liewer für de näschte Taje." Ja, super. War ja klar. Dass so was gerade jetzt passieren muss. Ganz großes Kino.

Ich sitze gerade beim Arzt. Mein Augenlid verziert mit einer wunderhübschen Entzündung. Nicht dass ich sowieso schon dämlich mit diesem Ei aussehe. Jetzt darf ich noch nicht mal versuchen, alles so gut wie möglich zu kaschieren. Und das gerade so kurz vor meinem nächsten Vortragstermin. Spitzenmäßig.

Eigentlich bin ich niemand, der sich gerne oder oft hinter Tonnen von Make-up versteckt. Ich steh mehr auf Natural Look mit nur einem bisschen an Mascara und Co. Aber so ganz blanko? Da fühle auch ich mich etwas zu natural.

Blöd eigentlich, dass man seine Selbstsicherheit oft von so einem kleinen Bürstchen mit schwarzer Farbe abhängig macht. Haben wir das wirklich nötig? Ich könnte mich da immer wieder über mich selbst ärgern. Auch wenn nichts dagegenspricht, sich von diesen kleinen Tübchen und Stiftchen in ein etwas positiveres Licht zu rücken – Concealer kann nach einer kurzen Nacht mit krankem Kind echt zur besten Freundin am Morgen werden, oder? –, brauchen tun wir diesen ganzen Kram nicht.

Unsere eigentliche Schönheit kommt ganz woanders her. Wir finden sie dort, wo wir sie wahrscheinlich am wenigsten vermuten würden. Bei Jesus selbst. Er verkörpert die hundertprozentige Schönheit. Er selbst ist unbeschreiblich schön.

Überrascht dich diese Aussage? Vielleicht. Denn Schönheit verbinden wir eigentlich nicht mit ihm. Uns kommen Eigenschaften in den Sinn wie gnädig, liebevoll, heilig. Aber schön? Das geht in unseren Kopf gar nicht so leicht hinein. Dabei ist er der Sohn Gottes. Der mächtige Sieger über alle Gewalten. Der Sohn dessen, der alle Schönheit erfunden und erschaffen hat. Als Quelle alles Schönen ist auch Gott selbst von perfekter Schönheit.

Und wenn dieser makellos schöne Jesus uns erfüllt, strahlt seine Schönheit dann nicht durch uns hindurch? Sie kann doch nicht unentdeckt bleiben. Sie wird durch uns sichtbar. Jesus scheint durch uns und nichts auf der Welt kann uns schöner machen. Wenn Jesus aus uns erstrahlt und er in uns sichtbar wird, dann strahlen wir mit einer ewigen, durch nichts zu zerstörenden Schönheit. Niemand kann sie uns nehmen. Sie ist da, weil sie nichts mit uns zu tun hat, sondern mit Jesus. Seine Schönheit ist da, egal wie die Umstände sind. Die Schönheit einer Frau, in der Jesus lebt, ist unvergänglich. Weil Jesus unvergänglich ist. Diese Schönheit vergeht nicht mit dem Alter, wenn wir grau und faltig werden. Sie ist nicht einfach weg, wenn wir durch Krankheit oder Unfall verunstaltet werden. Sie ist ewig. Und sie ist nicht an Äußerlichkeiten gebunden.

Wirkliche Schönheit ist in einer Frau zu finden, die über beide Ohren in Jesus verliebt ist. Die mehr danach fragt, was er will, als auf ihren eigenen Willen zu achten. Die bereit ist, für Jesus Schwierigkeiten oder Unannehmlichkeiten auf sich zu nehmen. Die ihr ganzes Leben auf ihn ausrichtet. Eine Frau, die nur Augen für ihn hat. Wenn sie anfängt, nicht mehr für sich selbst, sondern ganz für ihn zu leben, dann beginnt eine Schönheit in ihr zu erstrahlen, die nicht von dieser Welt ist.

Je mehr eine Frau Jesus liebt, desto schöner ist sie. Das ist mal eine ganz andere Definition von Schönheit, oder? Aber sie ist unglaublich treffend. Körperliche Schönheit ist vergänglich.

Wir alle werden alt, schlaffer und langsamer. Unser Körper verfällt mit der Zeit. Aber unsere Schönheit hängt nicht davon ab. Was uns schön macht, ist unsere Liebe zu Jesus. Und die ist nicht an Raum und Zeit gebunden.

Diese Schönheit beinhaltet mehr, als nur Frieden darüber zu bekommen, wie Gott einen gemacht hat. Oder vom verdrehten Schönheitsbild unserer Zeit wegzusehen. Sie hat ihren Ursprung in Jesus und in der Beziehung zu ihm. Und damit ist sie die Folge einer gelebten Liebe zu Jesus. Es ist unmöglich, Jesus aus ganzem Herzen zu lieben und dabei hässlich zu sein. Ist das nicht ein wundervolles Geschenk unseres Bräutigams? Er beschenkt uns mit seiner Schönheit. Er überhäuft uns mit den besten Geschenken.

Vielleicht sollten wir anfangen, unseren Fokus bei unseren Beautybemühungen zu verschieben. Uns weniger Gedanken um Bürstchen und Tübchen zu machen, sondern stattdessen auf den zu blicken, der uns mit wahrer Schönheit beschenkt. Und das nur durch seine Gegenwart. Dann ist es auf einmal gar nicht mehr so dramatisch, wenn man das Schminktäschchen mal nicht zücken kann ...

> DU WIRST EINE PRACHTVOLLE *Krone* IN DER HAND DES HERRN SEIN, EIN KOSTBARES *Diadem* IN DER HAND DEINES GOTTES.
>
> JESAJA 62,3 (NL)

 SEGENREGEN

*Jede gute Gabe und jedes vollkommene Geschenk
kommt von oben herab, von dem Vater der Lichter,
bei dem keine Veränderung ist
noch eines Wechsels Schatten.*
Jakobus 1,17 (ELB)

Einfach nur Zucker! Vor ein paar Tagen zeigte mir meine Freundin ein kleines Video von ihrer sechsjährigen Tochter, die im Regen tanzte. Nach einem Megasommer mit Hitze und Sonnenschein war endlich das Gewitter gekommen, das wieder Regen brachte. Einen richtig schönen Sommerregen. Und ihrer Tochter schien dieser Wetterumschwung ganz gut zu gefallen: Sie sprang mit einer Freude im Regen herum, die einfach nur ansteckend war. Klitschnass und begeistert hüpfte sie durch dieses Video. Mit sorgloser Fröhlichkeit genoss sie den Erfrischungsregen von oben.

Ungefähr so kann man sich auch das Leben mit Jesus vorstellen, finde ich. Wenn wir zu ihm gehören, dann werden wir von seinem Segenregen eingehüllt wie von einem erfrischenden Sommerschauer. Sein Geschenkestrom hört nie auf. Wir können darin baden. Vor Freude springen und tanzen. Das erfrischende neue Leben mit ihm genießen.

SEGENREGEN: MUT

Mit ihm zusammen werden Ängste einfach kleiner. So oft macht sich Verzweiflung ja allein schon deshalb in mir breit, weil ich mich so allein gelassen fühle mit meinen Herausforderungen. Aber das ist jetzt vorbei. Denn er ist bei mir. Und dadurch wird es auf einmal einfacher, die Dinge anzugehen, die mich einschüchtern. Ich spüre, wie mein Mut wächst, weil ich mich ganz auf ihn verlassen kann. Er lässt mich nicht los. Und dadurch fällt es mir leichter, mir einen Ruck zu geben, über meinen Schatten zu springen und meine Angst zu überwinden.

SEGENREGEN: FRIEDEN

Es gibt so vieles, was mich bedrücken kann: die Sorge um Menschen, die mir lieb sind. Die Angst vor Krankheiten oder dem Tod. Bauchschmerzen vor schwierigen Gesprächen, die geführt werden müssen. Die hohen Anforderungen im Job. Sorgen, dass ich es nicht hinbekomme, meine Kinder gut zu erziehen. Und. Und. Und. Die Liste kann bis ins Unendliche fortgeführt werden. Es sei denn, ich hole Jesus zu mir ins Boot. Und erlebe, wie er sich dem Sturm meines Lebens stellt und meine Panik zum Schweigen bringt. In seiner Nähe ist Frieden. Ein wunderbarer Frieden, der größer und stärker ist als der Sturm da draußen. Ich darf spüren, wie er mich ruhig macht. Und mir seinen Frieden schenkt.

SEGENREGEN: KRAFT

Manchmal ist es echt frustrierend, wie schnell mir die Puste ausgeht. So oft wünsche ich mir mehr Energie. Mehr Power, um mehr zu schaffen. Und doch: Immer wieder werde ich neu von meinem Jesus überrascht. Überrascht mit dem Geschenk der Kraft. Es ist mir ein Rätsel, wie ich manche Situationen bewältigen konnte. Dinge, die meine eigenen Ressourcen bei Weitem übersteigen. Aber irgendwie war immer wieder genug Power da. Kraft, die wie ein Regen auf mich herabrieselt.

SEGENREGEN: 1000 KLEINE GESCHENKE

Wenn ich mit Jesus durchs Leben gehe, dann beschenkt er mich immer wieder mit seinen Geschenken. Einfach so. Zwischendurch. Es sind oft diese vielen Kleinigkeiten, die das Leben mit ihm so wunderschön und reich machen. Kleine besondere Momente. Wenn ich ihn konkret habe reden hören. Wenn ich beim Bibellesen eine ganz besondere Erkenntnis gewonnen habe. Wenn ich mit seiner Kraft gekämpft und gewonnen habe. Wenn er ein konkretes Gebet erhört hat. Wenn ich mein wahres Ich entdecken darf. Wenn ich meine Gaben einsetzen kann, die ich vorher verschlossen gehalten habe. Wenn ich Kontrolle loslassen kann und gespannt auf Jesu Handeln warten darf. Und dass ich auch Dinge wie Krankheiten, Sorgen und Streit nicht mehr allein tragen muss, weil ich zu Jesus gehöre. Weil es jetzt ein Wir gibt.

Das Leben an seiner Seite ist ein riesiges Geschenk. Und wir dürfen es einfach genießen …

Pures Glück

Du beschenkst mich mit Freude, denn du bist bei mir;
aus deiner Hand empfange ich unendliches Glück.
Psalm 16,11 (Hfa)

Mein Jesus!

Ich kann es gar nicht glauben! Pures Glück. Dass ich mit dir leben darf.

Wie war mein Leben ohne dich? Es hat etwas gefehlt. Da war diese Leere in mir. Ich hab mich so sehr nach etwas gesehnt. Eigentlich ohne so genau benennen zu können, wonach eigentlich. Jetzt allerdings weiß ich es: Du hast mir so gefehlt, obwohl ich dich noch nicht einmal kannte. Alles in mir hat sich nach dieser Liebe gesehnt. Dem Nachhausekommen. Bei dir.

Ich kann es gar nicht glauben! Pures Glück. Dass ich mit dir leben darf.

Du machst jeden Moment so reich. Jede Sekunde ist ein Geschenk. Wahnsinn, wie du mich zur Ruhe kommen lässt. Wie meine Ängste und Sorgen in deiner Nähe so klein werden. Die Unsicherheit sich in Vertrauen wandelt. Wie meine Selbstzweifel leiser werden. Wie du mich stattdessen immer wieder an meine wirkliche Identität erinnerst. Dass ich dein bin.

Ich kann es gar nicht glauben! Pures Glück. Dass ich mit dir leben darf.

Du hast meinem Leben einen Sinn gegeben, den ich vorher nicht kannte. Ich lebe, um mit dir zusammen zu sein. Dich anzubeten. Dich zu ehren. Dich besser kennenzulernen. Kann es etwas Schöneres geben, als an deiner Seite sein zu dürfen? Ich bin so glücklich, dass du mich haben wolltest, Jesus. Dass du tatsächlich jemanden wie mich erwählst, deine Braut zu sein. Und mir diese neue Identität verleihst. Den schönsten aller Titel.

Ich kann es gar nicht glauben! Pures Glück. Dass ich mit dir leben darf.
Dass ich mit dir reden darf. So vertraut. So nah. Dass du dich für mich interessierst. Dass du mir zuhörst. Wie glücklich du mich machst. Bitte hilf mir, dich so zu lieben, dass ich auch dir ein Lächeln auf die Lippen zaubern kann. Hilf mir, so zu leben, dass du geehrt wirst. Dass deine Größe und Schönheit zu sehen sind.

Ich kann es gar nicht glauben! Pures Glück. Dass ich mit dir leben darf.
Ich fange an, das Wort Gnade besser zu verstehen. Ich habe all das nicht verdient. Ich bin überschüttet mit deiner Liebe. All den Segnungen, die du über mir ausgießt. Gnade. Dass du mich liebst. Gnade. Danke, dass du ein gnädiger Gott bist. Ich bin für immer verändert, weil du mir mit Gnade begegnet bist. Danke für dieses pure Glück!

Ich liebe dich so sehr,

deine Braut

VERSTEHEN WOLLEN

Warum läuft so viel schief?

DUNKELHEIT

Jesus, was ist passiert? Wir haben unsere gemeinsame Zeit doch so sehr genossen. Wo bist du auf einmal? Wo ist unsere Nähe? Warum fühle ich mich so einsam? Alles ist dunkel um mich herum. Ich fühle mich allein gelassen und habe Angst.

Ich dachte, ich bin deine Braut. Deine Geliebte. Wie kannst du mir so etwas antun? Was hat das mit Liebe zu tun?

ANGST

*Er nahm unsere Krankheiten auf sich
und trug unsere Schmerzen.*

Jesaja 53,4 (NL)

Warum liege ich hier? Wie konnte das passieren? Gestern war doch noch alles normal und ich konnte mit den Kids im Garten toben … Und jetzt bin ich hier. Kann mich vor Schmerzen kaum bewegen, bin praktisch ans Bett gefesselt.

Und mache mir Sorgen. Sorgen vor dem Morgen. Sorgen vor der nächsten Untersuchung. Und noch mehr Sorgen vor dem Untersuchungsergebnis. Ein Krankenhauszimmer kann sich so einsam anfühlen. Warum bin ich hier allein? Ich habe Angst. Jesus, ich brauche dich so sehr.

Ich bin im Krankenhaus. Allein. Und voller Angst. In meinem Kopf summt pausenlos die Frage: Warum ich? Warum bin ich hier? Warum musste das passieren? Gott, du hättest das doch verhindern können!

Aber irgendwie komme ich mit dieser Frage nicht weit. Irgendwie bringt sie mir weder Frieden noch Hilfe noch Heilung. Eigentlich macht sie mich nur noch verzweifelter.

Gestern Nacht habe ich eine erstaunliche Entdeckung gemacht: Ich konnte vor Schmerzen nicht einschlafen. Immer und immer wieder wälzte ich mich in meinem Bett, um eine halbwegs erträgliche Schlafposition zu finden. Die es aber leider nicht gab.

Nach einigen Stunden entschied ich, dass ich mich nicht gegen den Schmerz wehren konnte. Ich musste ihn einfach für jetzt akzeptieren und mich mit der Situation arrangieren. Also wählte ich meine gewöhnliche Schlafposition. Ich spürte die Schmerzen, aber ich sagte mir, dass sie da sein dürfen. Ich liege schließlich nicht umsonst hier. Ich bin verletzt. Ich darf Schmerzen haben. Und indem ich die Schmerzen zuließ, wurde ich ruhiger. Und schlief erstaunlich schnell ein. Es war zwar nicht der tiefste und beste Schlaf, den ich je hatte, aber es war Schlaf.

Ich frage mich, ob wir nicht manchmal ruhiger einschlafen könnten, wenn wir uns eingestehen würden, dass es in dieser Welt viele Schmerzen gibt. Es gibt viel Leid. Und wir leiden mit. Ja, und manchmal trifft das Leid eben auch uns. Das ist Teil dieses Lebens. Eines Lebens, das Gott ursprünglich gar nicht so geplant hatte. Eigentlich hatte er für uns ein Leben im Paradies bestimmt. Eigentlich.

Die traurige Wahrheit ist, dass wir Menschen uns selbst aus diesem Paradies herauskatapultiert haben. Das Leben außerhalb der Nähe Gottes ist bestenfalls anstrengend, ansonsten Hölle pur. Seitdem müssen wir uns mit den Schmerzen und dem Leid arrangieren, die das Leben in einer Welt fernab des Paradieses mit sich bringt. Wirklich leichter gesagt als getan. Das merke ich hier in meinem Krankenhausbett gerade sehr deutlich.

Aber ich merke auch, dass Jesus mich nicht allein lässt. Dass er da ist. Hier bei mir in diesem kahlen Zimmer. Er ist da in meinem Leid. In meiner Angst. Er ist da, nicht nur dann, wenn es mir gut geht, sondern auch in meinen Schmerzen.

Und er weiß nur zu gut, wie sich das anfühlt. Er war schon da. Er war schon da, am Ort der tiefsten Dunkelheit, der Gottverlassenheit, der Schmerzen und der Angst. Wahrer Todesangst.

Gibt es jemanden, der uns besser beistehen kann in unserer Angst und unserem Leiden? Wir sind der Leib Christi, Christus ist das Haupt. Wenn ein Glied leidet, leiden alle mit und spüren den Schmerz mit. Auch Jesus, das Haupt, spürt jeden Schmerz seines Zugehörigen.

Ich bin mit Jesus verbunden. Er ist da. Immer. Er weint mit uns. Spürt die Schmerzen nach. Hält uns in seinen tröstenden

Armen. Und flüstert uns die Wahrheit zu: Ich bin bei dir. Ich kenne deine Not, deine Schmerzen. Ich bin da. Ich lasse dich nicht los. Egal wie die Diagnose ausfällt. Egal wie die weitere Therapie sein wird. Ich bin da.

Das sind die Worte, die ich gerade brauche. Und die du vielleicht ebenfalls gerade hören musst. Kein Grübeln darüber, warum ich jetzt hier liegen muss, sondern ein Festklammern an der Wahrheit, dass Jesus mich liebt, die Situation in der Hand hält und bei mir ist.

Wir brauchen keine Antworten auf all unsere Fragen. (Und das sage ich als jemand, der fragt und fragt und fragt, weil ich immer genau wissen möchte, wie die Lage gerade aussieht. Besonders wenn ich mit Ärzten rede.) Wir brauchen Jesus. Und seine Nähe. Und mit ihm zusammen fällt es leichter, sich mit schweren Situationen anfreunden zu müssen. Denn er bringt uns den Frieden, nach dem wir uns so sehr sehnen. Und den wir brauchen.

> **CHRISTUS HAT UNS NICHT VOM LEID *erlöst*, SONDERN VON DER VERZWEIFLUNG.**
>
> ARNO BACKHAUS

WO BIST DU?

„Mein Gott, mein Gott, warum hast du mich verlassen?"
Matthäus 27,46 (L)

Habe ich mich schon irgendwann mal so elend gefühlt? Ich weiß es nicht. Die schrecklichen Schmerzen lassen mich verzweifeln. Das Eingesperrtsein in einem Bett macht mich depressiv. Ich bin doch eigentlich immer auf Achse. Überhaupt keine Couchpotato. Und warum hilft nicht mal Morphium wirklich gut? Gott, warum lässt du das nur zu? Wo bist du?

Der Arzt kommt rein. Stellt seine Diagnose: „Tut uns leid, Frau Löwen. Die MRT-Bilder zeigen uns genau das, was wir nicht sehen wollten." Ich bin schockiert. Ich muss operiert werden. Die Risiken der Operation sind groß. Aber es gibt keine Alternative.

Ich habe Angst. Schreckliche Angst. Gott, warum spüre ich dich nicht? Wo bist du? Gedanken quälen mich: Werde ich jemals wieder laufen können? Werde ich dieses Krankenhaus auf meinen eigenen Beinen verlassen? Oder muss ich von jemandem rausgeschoben werden? Ich bin doch noch so jung. Und meine Kinder? Wie werde ich mich um sie kümmern können? Blanke Panik breitet sich in mir aus.

Gott, du sagst, dass du bei den Verzweifelten bist. Dass du Ruhe im Sturm schenkst. Aber warum spüre ich das nicht? Warum fühle ich mich so verlassen? Die hohen Wellen nehmen mir jeden Mut und machen mir Angst. Mir bleibt nichts, außer mich an deine Zusage zu klammern, dass du da bist. Selbst wenn ich es nicht spüren kann. Mich daran festzuhalten, dass du versprichst, mich niemals allein zu lassen. Es einfach zu glauben.

Ein Gedanke kommt mir in den Sinn: Ist es vielleicht genau

das? Bin ich deshalb hier? Willst du sehen, wie treu ich dir bin? Ob ich an dir festhalte, selbst wenn die Angst und die Einsamkeit mich umtosen wie ein Tornado. Wenn ich orientierungslos durch die Luft gewirbelt werde und nicht mehr weiß, wo oben und unten ist. Willst du sehen, wie es wirklich in meinem Herzen aussieht? Wenn alles weg ist, was mich sonst immer so ablenkt. Wenn ich einfach nackt mit meinen Schmerzen, meiner Kraftlosigkeit und Verzweiflung vor dir stehe. Ohne ein Lächeln im Gesicht. Ohne ein Loblied auf meinen Lippen. Ungeschminkt und ungestylt. Tränenüberströmt und mit fettigen Haaren, weil ich nicht mal richtig duschen gehen kann. Willst du sehen, was bleibt? Was von meiner Liebe zu dir übrig bleibt, wenn ich so verzweifelt bin?

Ich muss an Hiob denken: Du hattest ihn über die Maßen gesegnet. Er hatte so ziemlich alles, was man sich wünschen kann. Er hatte seine Frau fürs Leben gefunden, war mit Kindern beschenkt worden, war reich und angesehen. Und auf einmal war alles weg, was sein Leben ausgemacht hatte. Alles zerbrach in Stücke. Und was war der Grund für all das? Unser Feind, der Teufel, beschuldigte ihn, nur eine Teenagerliebe zu dir zu haben. Er warf Hiob vor, dass er dich nur lieben würde, weil er von dir gesegnet wurde. Weil er aus dem Glauben an dich einen Vorteil schöpfen wurde. Er sagte im Klartext: „Hiob ist nur an deinem Segen interessiert. An dem, was er aus der Beziehung zu dir geschenkt bekommt. Aber nicht an dir selbst, Gott. Hiob denkt an sich, nicht an dich."

Was für eine schreckliche Anschuldigung. Wie furchtbar würde ich mich fühlen, wenn jemand so etwas über meine Beziehung zu meinem Mann sagen würde. Man hat ein bisschen Schmetterlinge im Bauch. Liebt das Gefühl, jemanden an der Hand zu halten, wenn man ins Kino geht. Oder nicht allein auf die Party gehen zu müssen. Man fühlt sich wertvoller, weil man bei Instagram ein kleines Paarbildchen posten kann statt eines Singlefotos. Oder diese neidischen Blicke der anderen Mädels, weil man so einen Gutaussehenden abbekommen hat. Eine

Teenagerliebe, die verliebt ist in die Liebe und all das, was sie so mit sich bringt.

Ist es das, was meinen Glauben ausgemacht hat, Gott? Ich bin so reich von dir beschenkt worden. Kann die Segnungen gar nicht alle aufzählen. Ja, du hast es mir einfach gemacht, dich zu lieben. Es hat mich nichts gekostet. Es hat mich reich gemacht. Was liebe ich eigentlich? Liebe ich das Leben, das du mir schenkst, mit all dem Luxus? All dem Schönen? Oder liebe ich dich? Dich als Person? Bedingungslos. Erwartungslos. Einfach nur wegen dir. Weil du mein Gegenüber der Liebe bist.

Hiob verlor alles. Aber er liebte weiter. In all seinem Elend. Seinen Schmerzen. Seinem furchtbaren Kummer. Er hielt an dir fest, obwohl er dich nicht spüren konnte. Obwohl er verzweifelt war. Obwohl er sich so schrecklich einsam fühlte. Er liebte weiter. Und bewies damit, dass seine Liebe keine selbstbezogene Romanze war, sondern echt und tief.

Was ist mit mir? Ist meine Liebe einfach nur auf dich ausgerichtet, unabhängig von allen Umständen? Ist meine Liebe tief? Bedingungslos? Ich kann nur beten und hoffen, dass sie es ist. Und mich mit aller Kraft an dir festklammern. Dich packen und schreien: „Ich gehöre zu dir! Ich liebe dich, auch wenn ich sonst nichts mehr habe! Sei mir gnädig, mein Gott! Und lass mich bestehen! Stärke du meine Liebe zu dir, dass sie mehr ist als nur eine Segenshascherei! Dass sie trägt über alle Tiefen hinweg! Dass sie ewig ist und hält. Einfach nur, weil du es wert bist, geliebt zu werden. Einfach nur, weil es um dich geht und nicht um mich!"

> NAHE IST DER HERR DENEN,
> DIE EIN GEBROCHENES *Herz*
> HABEN. ER RETTET ALLE,
> DIE OHNE *Hoffnung* SIND.
>
> PSALM 34,19 (NGÜ)

Ich bin da

Denn er ist unser Friede.
Epheser 2,14 (L)

Meine Liebe!

Ich bin da.
Ganz nah bei dir. Ich halte dich. Auch dann, wenn alles um dich herum zerfällt. Du musst dir nicht den Kopf darüber zerbrechen, was alles passieren könnte. Dir den Worst Case immer wieder durchspielen wie eine hängen geliebene CD. Oder Tag und Nacht in Sorgen zergehen, wie du es nur durch diese Zeit schaffen sollst. Denn …

Ich bin da.
Auch in dunkelster Nacht. Wenn du selbst den nächsten Schritt nicht mehr sehen kannst. Wenn du denkst, dass du die Schmerzen keine Sekunde länger ertragen kannst. Wenn die Angst und die Sorge dich niederdrücken. Dich Panik überfällt. Oder Todesangst. Denn …

Ich bin da.
Wenn du einsam bist. Allein im Regen stehst. Weil andere dir den Rücken gekehrt haben. Dich verraten haben. Allein gelassen haben. Du musst nicht denken, dass nun niemand mehr da ist. Keiner, der dich in den Arm nehmen könnte. Dir Trost schenkt, liebe Worte hat oder ein mitfühlendes Herz. Denn …

Ich bin da.
Unter dir, um dich zu halten. Über dir, um dich zu schützen. Neben dir, um Gefahren von dir abzuwenden. Hinter dir, um dir den Rücken freizuhalten. Vor dir, um dich auf dem richtigen Weg zu führen. Und in dir, um dir Leben in Fülle zu geben. Ich bin dir näher als die Luft, die du einatmest. Ich erfülle dein Herz. Und schütze es durch meine Liebe vor allen Giftpfeilen und Angriffen. Ich heile alle deine Verletzungen. Denn ...

Ich bin da.
Und mit mir zusammen brauchst du nichts mehr zu fürchten. Denn du bist nicht mehr allein. Nicht auf dich selbst angewiesen. Sondern auf mich. Denn ich bin deine Stärke. Ich gebe dir Motivation, wenn sie dir fehlt. Frieden, wenn die Angst in dir hochkriecht. Du kannst dich auf mich stützen, wenn dir die Kraft fehlt. Mir folgen, wenn du den Weg nicht mehr sehen kannst. Ich bin absolut verlässlich. Vertrau mir. Denn ...

Ich bin für immer für dich da.

In Liebe

dein Bräutigam

»DAS RICHTIGE EQUIPMENT«

*Selbst wenn ich durch ein finsteres Tal gehen muss,
wo Todesschatten mich umgeben,
fürchte ich mich vor keinem Unglück,
denn du, Herr, bist bei mir!*
Psalm 23,4 (NGÜ)

Für eine Wanderung durch das dunkle Lebenstal müssen wir ausgerüstet sein. Wenn wir meinen, wir könnten unvorbereitet und schwerelos hindurchspazieren, dann irren wir uns gewaltig. Es ist wichtig, dass wir unser Equipment dabeihaben, um uns so gut es geht den Weg durch das dunkle Gestrüpp zu bahnen.

BIBEL

Das A und O unserer Ausrüstung ist die Bibel. Nichts in unserem Rucksack ist wichtiger als sie. Sie ist unser Proviant, unsere Wasserquelle, Kompass und Landkarte in einem. In ihr finden wir unseren Jesus. In ihr finden wir all den Trost, den wir brauchen. Die Zusagen, die uns ermutigen. Das vollkommene Ziel, nach dem wir uns ausstrecken können. Korrektur, die wir brauchen, und Hilfe, wenn wir gestürzt sind.

Es ist wichtig, dass wir in der Dunkelheit nicht aufhören, unsere Bibel zu lesen. Es kann sein, dass wir uns zu kraftlos zum Lesen fühlen. Aber wir sollten dem nicht nachgeben. Nirgendwo sonst können wir so viel neue Kraft tanken als in Gottes Wort. Gott spricht durch sein Wort. Und seine Stimme ist etwas, das wir unbedingt brauchen. Ganz besonders, wenn wir stark herausgefordert sind.

Vor allem die Psalmen oder auch viele Teile des Buches Jesaja können einen unermesslichen Trost in unsere Dunkelheit hineinsprechen. Eine tolle Angewohnheit ist es auch, regelmäßig Verse oder Abschnitte aus der Bibel auswendig zu lernen. In Momenten größter Verzweiflung ruft Gott einem manchmal genau diese auswendig gelernten Schätze in Erinnerung.

DIE RICHTIGEN BEGLEITER

Um gut ans Ziel zu kommen, ist es wichtig, dass wir unsere Begleiter weise wählen. Menschen an unserer Seite, die uns die ganze Zeit nur Angst machen vor all den Gefahren, die in der Dunkelheit lauern, sollten wir lieber zu Hause lassen. Genauso ist es mit denen, die Zweifel säen: „Wo ist dein Bräutigam eigentlich in dieser Dunkelheit? Warum trägt er dich nicht auf Händen hier rüber? Und warum hat er in allererster Linie nicht mal versucht, dich vor dieser Wanderung zu beschützen?" Solche Leute machen es eher schlimmer als besser.

Wir brauchen Begleiter, die mit uns weinen und auch mal schweigen können. Die uns ermutigen und anfeuern. Die uns zurufen, dass Jesus da ist. Dass er unsere Hand hält und uns nicht allein lässt. Die mit uns beten und flehen. Mit uns ihre Hände nach Jesus ausstrecken. Begleiter, die uns in die richtige Richtung schieben und wenn nötig auch mal ein Stück tragen.

Wir sollten uns mit lieben Menschen umgeben, die uns zu Jesus ziehen. Und nicht mit denjenigen, die uns entmutigen und unseren Blick von unserem Bräutigam weglenken. Wenn wir frustriert in Selbstmitleid versinken und Jesus untreu werden wollen, dann sollen unsere Begleiter Mut haben, uns liebevoll zurechtzuweisen.

AUSDAUER

Wanderungen durch dunkle Täler sind nichts für Waschlappen. Schnell aufgeben ist nicht. Bei dieser Wanderung braucht man einen langen Atem. Sie ist anstrengend und nervenaufreibend. Ziemlich unschön und oft einsam. Das Leben ist keine Shoppingtour, sondern ein Ironman-Wettkampf. Es ist nicht easy und es kostet uns alle Kraft und jeden Nerv. Aber: Irgendwann ist man hindurchgekommen. Irgendwann ist diese Tour zu Ende. Und bis dahin brauchen wir Ausdauer und Durchhaltevermögen.

Allein den Blick auf dieses Ziel zu setzen, kann oft schon motivieren. Und wenn es uns schwerfällt und wir vor lauter Steingerümpel das Ziel aus den Augen verlieren, dürfen wir unseren Gott darum bitten. Wir dürfen ihn bitten, uns das Ziel vor Augen zu halten. Uns Kraft zu schenken. Damit wir durch ihn gestärkt weitergehen können. Bis zum Ende dieses Tales.

> **DA IST LEID, DAS UNS ERSCHÜTTERT – UND DOCH WERDEN DIESE TRAUERNDEN IN EINER WEISE *durchgetragen*, DIE WIR NICHT BEGREIFEN.**
>
> OSWALD CHAMBERS

Liebestaten

*So wie unser Leib aus vielen Gliedern besteht
und diese Glieder einen Leib bilden, so ist es auch bei Christus:
Sein Leib, die Gemeinde, besteht aus vielen Gliedern
und ist doch ein einziger Leib. Leidet ein Teil des Körpers,
so leiden alle anderen mit.*

1. Korinther 12,12+26 (Hfa)

Meine Liebe,

ich weiß, wie schwierig diese Zeit für dich ist. Und ich sage dir: Ich leide mit. Ich weiß, dass du denkst, ich hätte dich verlassen. Aber das habe ich nicht. Ich bin da. Direkt bei dir. Auch wenn du mich nicht siehst und gerade nicht spüren kannst. Aber ich bin nicht tatenlos. Ich wache über dir. Sehe alles. Höre alles. Jedes deiner Gebete gelangt an mein Herz. Und auch wenn ich nicht jede deiner Bitten so erhöre, wie du es dir wünschst: Ich antworte auf Gebet. Fühlst du meine Liebe durch jede einzelne Gebetserhörung?

Wusstest du, dass einer meiner Wege, dich mit Liebe zu versorgen, über andere Menschen geht? Wenn du von anderen Liebe erfährst, dann siehst du darin meine Liebe zu dir. Denn ich wirke in Menschen. Du staunst über all die Liebe, mit der du von anderen überschüttet wirst: durch Briefe, Anrufe, Nachrichten oder Blumen. Und du wirst getragen im Gebet. Solche Dinge können so viel bewirken, wenn man sich in einem dunklen Lebenstal befindet. Wusstest du, dass ich selbst dich mit diesen

Liebestaten beschenke? Spürst du meine Liebe zu dir durch die Liebe anderer Menschen? Ich versorge dich mit so vielen Geschenken. Durch andere.

Kennst du die Geschichte in der Bibel, wo ich Elia sagte, dass er sich am Bach Krit verstecken soll (1. Könige 17,2-6)? Allein und voller Angst saß er da. Aber er wurde auf wundersame Art direkt von mir versorgt. Ich habe einige Raben beauftragt, ihn mit Brot und Fleisch zu verköstigen. Vögel brachten ihm die Nahrung, die er so sehr brauchte. In seiner Einsamkeit und Angst erlebte er meine Fürsorge. Über andere. Er sah mich nicht persönlich. Wie ich ihm das Brotstückchen in die Hand gedrückt hätte. Aber er sah Vögel, jeder von ihnen direkt von mir beauftragt. Zuvor habe ich ihn jahrelang durch eine arme Witwe versorgt, die kein Einkommen hatte.

So versorge ich auch dich. Dieser Anruf von deiner Freundin in dem Moment, als du dachtest, dass keiner an dich denkt. Die Umarmung, als du dachtest, dass du nicht liebenswürdig bist. Der überraschende Besuch deiner Mutter, als du dich so einsam gefühlt hast. Das alles sind meine kleinen Geschenke an dich. Lichtblicke, die dir deine Wanderung durch das dunkle Tal ein kleines bisschen erhellen sollen.

Öffne deine Augen. Wenn du in die Augen deiner Mama schaust, siehst du auch mich. Atme den Duft von frisch gekochtem Essen. Wenn du davon kostest, schmeckst du auch mich. Genieße die Umarmung deiner Freundin. Wenn sie dich hält, spürst du auch meine Kraft. Freu dich an dem schönen Brief, der heute mit der Post kam. Die lieben Worte kommen auch von mir.

Ich bin da.

Dein dich liebender Gott

WIR-PRINZIP

*Wer nach Gottes Willen lebt, der erfährt viel Leid,
aber der Herr wird ihn aus allem Unglück befreien.
Psalm 34,20 (NGÜ)*

Es ist so schwierig, wenn man keine Antworten bekommt. Wenn man nicht versteht. Im Dunklen tappt. Und dabei fällt. Um ehrlich zu sein: Ich verstehe nicht, warum Gott uns manchmal durch die Dunkelheit gehen lässt. Muss dieses Leiden wirklich sein? Gibt es keinen anderen Weg? Wir wünschen uns Antworten. Suchen nach dem Grund und Sinn in all der Dunkelheit.

Ich glaube, dass wir das aushalten müssen, dass wir viele Dinge einfach nicht verstehen. Nicht verstehen können. Und auch nicht verstehen müssen. Diese Welt ist voll von Trauer, Schmerzen, Leiden und Tränen. Schreckliche Nachrichten erreichen uns jeden Tag. Traurige Geschichten hört man überall. Wir sind umgeben von Kummer und Traurigkeit. Oft möchte ich einfach nicht hinsehen. Und verdrängen. Wir wissen nicht, warum viele dieser Dinge geschehen. Und wir werden in den meisten Fällen wohl auch keine Antwort darauf bekommen.

Aber mitten in dieser Dunkelheit scheint ein Licht. Die Hoffnung in all dem Schmerz und Leiden. Jesus. Das Licht der Welt. Jesus. Der selbst die dunkelste Nacht zum Strahlen bringen kann. Jesus. Er ist die Antwort auf all unser Leiden. Jesus. Er ist die Antwort auf den Schmerz der Welt. Das ist die Hoffnung des Evangeliums. Die gute Nachricht. Jesus kommt zu uns. Er lässt uns in unserer Dunkelheit nicht allein. Immanuel. Gott ist mit uns. Und er rettet uns aus der Dunkelheit. Scheint mit seinem Licht auf den Weg.

Es stimmt. Dadurch sind wir nicht auf einmal alle unsere Leiden los. Wir werden nicht plötzlich unter Trommelwirbel weggebeamt. Wir stolpern immer noch durch das dunkle Tal. Aber wir haben ihn bei uns. Und er leuchtet uns auf dem Weg und hält unsere Hand. Er geht uns voran und zieht uns behutsam an der Hand mit.

Manchmal scheint es uns, als ob wir sogar dieses Licht im dunklen Gestrüpp nicht mehr klar sehen können. Manchmal bleibt uns nichts, als uns einfach fest an Jesus zu klammern. Zu ihm zu schreien und zu beten, selbst wenn wir das Gefühl haben, er sei gar nicht da. Manchmal bleibt uns nichts, als unsere Bibel zu lesen, selbst wenn wir das Gefühl haben, dass es nichts bringt. Manchmal müssen wir einfach treu sein. Treu, selbst wenn es uns scheint, als ob kein Gegenüber da wäre.

Ist es in unseren menschlichen Beziehungen nicht auch manchmal so? Im Moment ist mein Mann nicht da. Er sitzt nicht gerade bei mir auf der Bettkante und hält meine Hand. Ich kann ihn gerade weder sehen noch fühlen. Und trotzdem weiß ich: Es gibt ihn. Ich habe einen Mann und ich gehöre zu ihm. Jetzt in diesem Moment der räumlichen Entfernung genauso wie in der Umarmung. Ich kann mich in Gefühlen der Einsamkeit mit dem Gedanken trösten, dass wir zusammengehören und uns bald wiedersehen. Ich kann auf meinen Ehering schauen und mich durch dieses Zeichen der Zueinandergehörigkeit daran erinnern, dass es ein „Wir" gibt. Und ich lebe nach dem Wir-Prinzip. Ich bin meinem Mann treu. Auf Entfernung genauso wie auch sonst.

Jesus wünscht sich diese Treue von uns. Treue unabhängig von den Umständen. Treue unabhängig von unseren Gefühlen. Treue, egal ob wir uns ihm gerade nah fühlen oder fern. Die Wahrheit ist, dass er uns nie verlässt und uns nie fern ist. Aber wir können diese Nähe eben nicht immer gleich spüren. Ist unsere Liebe zu ihm stark genug, diese Durststrecken zu ertragen, ohne ihm untreu zu werden? Schaffen wir es, durch diese Zeit zu kommen, indem wir in seinem Wort lesen und uns an die Zusagen klammern, die wir darin lesen? Werden wir ruhig in der Gewissheit, dass wir seine Braut sind? Dass wir zu ihm gehören? Reden wir weiter mit ihm, schütten ihm unser Herz aus? Auch wenn es so still um uns scheint?

Meine Liebe, halte durch! Bleibe ihm treu! Bete und gib nicht auf! Ruf zu ihm! Bitte ihn um Kraft und Ausdauer, nicht aufzugeben! Bete, dass du seine Liebe wieder spüren kannst!

> **Gott hilft uns**
> NICHT IMMER AM LEIDEN VORBEI,
> ABER ER HILFT UNS HINDURCH.
>
> JOHANN ALBRECHT BENGEL

Trotzdem treu

„Herr, zu wem sollten wir gehen?"
Johannes 6,68 (ELB)

An dich!

An dich, den ich so sehr vermisse.
Ich sehne mich so sehr nach deiner Nähe. Vermisse diese wunderbaren Zeiten mit dir. Sehne mich nach diesen Momenten, in denen ich mich so mit dir verbunden fühle. Augenblicke, in denen mich die Worte der Bibel praktisch anspringen. In denen alles so greifbar und spürbar ist. Diese Du-und-ich-Zeiten. Zeiten vertrauter Zweisamkeit.

Du weißt, wie sehr mir diese Zeit fehlt. Weißt, wie sehr ich dich vermisse.

Jesus: Zu wem sonst sollte ich gehen?

An dich, den ich so sehr brauche.
Habe ich dich schon jemals mehr gebraucht? Obwohl ... Wahrscheinlich brauche ich dich in jedem Augenblick gleich stark, das stimmt. Aber es fühlt sich so an, als sei ich heute in einer besonders hilfsbedürftigen Lage. Als würde ich dich gerade jetzt mehr denn je brauchen. Gerade jetzt eine Umarmung von dir. Was würde ich geben, um dich jetzt gewaltig zu erleben. Aber es ist so still um mich herum.

Du weißt, wie sehr mir diese Nähe fehlt. Weißt, wie sehr ich dich brauche.

Jesus: Zu wem sonst sollte ich gehen?

An dich, dem ich vertraue.
Ich mache kein Geheimnis daraus: Ich wünschte, ich müsste nicht durch dieses dunkle Tal gehen. Und ich wünschte, du würdest dich nicht so fern anfühlen. Ich finde diese Situation furchtbar. Sie macht mir Angst. Ich würde so gerne verstehen. Aber selbst hier, mitten in der Dunkelheit, Jesus, ich bleibe dir treu. Ich vertraue dir. Auch wenn ich so vieles nicht verstehe. Auch wenn mir so viele Antworten fehlen. Aber ich habe dich kennengelernt. Ich habe dich kennengelernt und weiß, dass du mich liebst. Dass ich dir vertrauen kann. Dass du bei mir bist.

Du weißt, wie sehr mir Sicherheit fehlt. Weißt, wie sehr ich Angst habe.

Jesus: Zu wem sonst sollte ich gehen?

An dich, den ich so sehr liebe.
Du bist die Liebe meines Lebens! Wer ist dir gleich, Herr? Du bist der Einzige, der zählt. Ich will und kann nicht ohne dich. Und deshalb bleibe ich dir treu. Auch wenn mir die Kraft fehlt. Auch mit Tränen in den Augen. Auch mit Angst im Nacken. Trotzdem. Und vielleicht auch gerade deswegen.

Denn du weißt, wie sehr ich dich liebe.

Und zu wem sonst sollte ich gehen?

In Liebe

deine Braut

VERTRAUEN

– auch wenn ich nicht alles verstehe

HOFFNUNG

Ich sehne mich nach Hoffnung. Nach einem Lichtblick am Horizont. Einem Seil zum Festhalten. Sehne mich nach diesem Gefühl, dass doch irgendwo Sinn sein muss. Dass es irgendetwas gibt, das mir diese Dunkelheit ein wenig erhellt. Jesus, kann ich an diesem Ort der Tränen irgendwo trotzdem etwas Gutes finden? Gibt es Schönheit trotz Hässlichkeit? Freude selbst in Trauer? Gibt es Hoffnung?

Das Beste

*Wir wissen aber, dass denen, die Gott lieben,
alle Dinge zum Besten dienen.*
Römer 8,28 (L)

Meine geliebte Braut!

Du glaubst gar nicht, wie schwer es mir fällt, dich so zu sehen. Dich. Mitten in Schwierigkeiten und Leiden. Du kannst mir glauben: Ich leide mit. Am liebsten würde ich dir all diese Schmerzen ersparen. Würde dich am liebsten auf Händen durch das dunkle Tal tragen. Aber damit würde ich dir letzten Endes nichts Gutes tun. Ja, ich kann verstehen, warum du mich jetzt so fragend ansiehst. Es scheint auch keinen Sinn zu machen, dass Leid etwas Gutes bewirken kann.

Diese Wahrheit ist wie ein Geheimnis. Sie ist schwer zu verstehen und nicht leicht anzunehmen. Aber wer sich darauf einlässt und tiefer blickt, wird feststellen, dass sie ein unglaublicher Trost in schweren Zeiten ist. Ich lasse Gutes aus Schlechtem entstehen. Ich wende das, was dir vom Feind Zerstörung und Tod bringen sollte, und lasse Leben daraus entstehen.

Ich möchte dir damit Trost zusprechen. Hoffnung schenken. Und neue Perspektiven eröffnen. Du darfst nach dem Warum fragen. Aber du darfst auch nach dem Wozu fragen. Blicke voller Vertrauen in die Zukunft, denn ich bin da. Und ich gehe jeden Schritt mit dir. Du darfst erwartungsvoll sein, was gerade aus dieser schweren Situation noch entstehen kann. Ich bin in der Lage, jeden verzweifelten Moment zu wenden. Zu deinem Besten.

Ich verstehe so gut, dass es jetzt hart für dich ist. Aber halte durch. Ich webe deinen Lebensweg weiter. Und jede Faser hat ihren Platz. Manchmal verstehst du nicht, warum alles so schwierig ist. Und sich die Fäden zu verknoten scheinen. Aber vertraue darauf, dass ich weiß, was ich tue. Für mich ist kein Knoten zu fest. Kein Faden zu stark verwickelt. Ich kann das Chaos auflösen.

Ruhe in meinem Versprechen, dass ich alles zu deinem Besten wirke! Ich habe dich nicht vergessen. Ich bin da. Auch wenn ich alles anders wende, als du es dir wünschst oder vorgestellt hast. Vertraue mir. Ich liebe dich von ganzem Herzen und ich will dein Bestes. Aber dein Bestes ist nicht immer das, was du denkst, das es ist. Vertraue mir, dass ich es weiß! Vertraue mir, dass ich es kann! Und vertraue meiner Liebe zu dir!

Jesus

**DANKT DEM HERRN,
DENN ER IST *gütig*,
UND SEINE GNADE BLEIBT
FÜR *alle Zeiten* BESTEHEN!**

PSALM 118,1 (NGÜ)

Dämmerung

Auf, meine Seele, lobe Jahwe,
und alles in mir seinen heiligen Namen!
Auf, meine Seele, lobe Jahwe, und vergiss es nie,
was er für dich tat!
Psalm 103,1-2 (NeÜ)

Mein Gott!

Es dämmert. Ich sehe einen Lichtstrahl. Fast unwirklich. Aber dennoch zu sehen. Einen Hoffnungsschimmer. Ein Trotzdem. Der Morgenstern strahlt. Die Nacht muss langsam weichen. Denn das Licht drängt sie fort. Ganz ohne Eile. Aber langsam und sicher. Es wird Tag. Ein neuer Morgen bricht an. Und die ersten Sonnenstrahlen tauchen die Welt in ein Farbenspiel aus Orange- und Rosatönen.

Ich fange an zu verstehen. Du bist gut! Trotzdem! Trotz alledem, was mich belastet. Bedrückt. Zerschmettert. Mir Angst einjagt. Mich überrollt. Du bist gut. Allezeit. Und dein Gutsein misst sich nicht an meinen Umständen. Es hängt nicht davon ab, ob ich zufrieden mit meinem Leben bin oder nicht. Dein Gutsein gründet in deinem Wesen. Denn du bist unfassbar perfekt und wundervoll. Kein Schatten ist an dir. Nicht einmal der Hauch eines Schlechten. Du bist gut. So ist dein tiefstes Wesen.

Es dämmert. Ich bin zu vergesslich. Wie kann ich nur für einen Augenblick an deiner Güte zweifeln? An deinen guten Absichten? An deiner Liebe zu mir? Wie können Umstände mich so aus der Bahn werfen, dass ich an dir zweifle? Unsicher werde und Angst bekomme? Ich bin zu vergesslich. Ich vergesse, wer du eigentlich bist. Einfach nur, weil ich auf mich schaue und nicht auf dich. Ich sehe meine Schwäche, aber nicht deine Stärke. Ich sehe meine Zerbrochenheit, aber nicht deine guten Pläne. Ich sehe mich, aber nicht dich.

Ich fange an zu verstehen. Ich muss mich erinnern. Erinnern an deine Güte. An dein Gutsein. Daran, dass du mich liebst. Dass du bei mir bist. Dass du gut bist. Und dein perfektes Wesen meinen Verstand übersteigt. Ich muss mich an all das Gute erinnern, das du mir schon geschenkt hast. All die vielen kleinen und großen Dinge, die ich schon aus deiner liebenden Hand erbeten und empfangen habe. Ich muss zu meiner eigenen Seele sprechen. Ich muss zu mir selber sagen: Der Herr ist gut.

Es dämmert. Ich kann dich loben, egal wie die Umstände sind. Ich kann von deiner Güte singen, selbst dann, wenn mir nicht alles in meinem Leben gefällt. Ich kann dir zurufen, wie wundervoll du bist, selbst dann, wenn ich zweifle. Denn du verdienst mein Lob, einfach weil du du bist. Weil du voller Gnade und Liebe bist. Du bist gut. Allezeit. Immer. Nicht nur dann, wenn alles nach meinen Vorstellungen läuft. Sondern immer. Bist du gut. Und in all meinen Zweifeln und Ängsten erinnere ich mich an deine Güte und sage: Der Herr ist gut.

In Treue

deine Braut

VON TRÄNEN UND TRÖSTEN

*Und weil er selbst gelitten hat
und Versuchungen ausgesetzt war, kann er denen helfen,
die ebenfalls Versuchungen ausgesetzt sind.*
Hebräer 2,18 (NGÜ)

Ich bekomme eine Gänsehaut. Mein Herz beginnt zu rasen. Ich will wegschauen. Rauslaufen. Laut schreien: „Hört auf! Was tut ihr da? Nein!" Aber selbst wenn ich einen Ton rausbekommen würde, niemand würde etwas an dieser grausamen Szene verändern, die sich gerade vor meinen Augen abspielt. Das Programm würde wie geplant weitergehen.

Ich sitze im Kino. Und sehe einen Film, der eigentlich gar nichts für mich ist. Und das habe ich auch vorher schon gewusst. Ich bin ein totales Sensibelchen und kann harte Filme überhaupt nicht sehen. Meine Liga sind eher Kinderfilme oder Liebesschnulzen. „Bob, der Baumeister" kann ich gut aushalten, aber das hier? Wie furchtbar ist das denn?

Trotzdem bin ich hier. Und bin hier richtig. Trotz aller Grausamkeit. Denn diesmal ist etwas anders: Es ist Realität. Es ist wahr. Die Passion Christi ist nicht nur ein Werk der Filmemacher. So ähnlich hat es wirklich stattgefunden. Sie ist Geschichte. Klar wissen wir nicht genau, wie jedes Detail verlaufen ist. Aber durch die Berichte der Bibel und der Geschichtsschreiber wissen wir viel. Genug, um zu verstehen: Es war schrecklich grausam. Zu grausam, um hinzusehen. Jesus ist tatsächlich lieblos und barbarisch behandelt worden. Er wurde verspottet, ausgepeitscht und gekreuzigt.

Aus irgendeinem Grund kann ich nicht wegsehen. Wie ich es normalerweise mache, wenn grausame Szenen in Filmen auftauchen. Aus irgendeinem Grund muss ich hinsehen. Etwas in mir sagt: „Schau nicht weg! Sieh hin! Denn das tat ich für dich! Du bist mir so wertvoll, dass ich sogar das erleiden konnte!"

Ich kann es gar nicht fassen. So groß ist deine Liebe zu mir? Das wolltest du wirklich für mich tun? Ich bin überwältigt. Meine Tränen fließen in Strömen. Noch nie habe ich im Kino so viel geschluchzt (nicht mal bei „Titanic" ...).

Ich sehe meinen Bräutigam. Ich sehe, wie er leidet. Und ich verstehe: Ich bin nicht allein mit meinem Leiden. Denn er war schon da. Er weiß, wie es sich anfühlt, allein zu sein. Verlassen von allen. Er weiß, wie es sich anfühlt, betrogen zu werden. Verraten. Und das von einem der engsten Freunde. Er weiß, wie es ist, mit Schuld beladen zu werden, und wie man als Unschuldiger eine fremde Strafe erfährt. Er weiß, wie es sich anfühlt, Schmerzen zu haben. Und ich glaube, alle meine Schmerzen zusammen würden nicht so schrecklich sein wie der Schmerz, der ihm angetan wurde. Er kennt diese Gefühle. Weiß, wie es ist zu leiden. Und deshalb versteht er mich. Fühlt mit. Leidet mit.

Was für einen Unterschied das macht! Ist man nicht genervt und fast wütend, wenn man leidet und jemand, der keine Ahnung hat, einem auf die Schulter klopft und locker-flockig trällert: „Das wird schon wieder!"? Will man in so einem Moment nicht am liebsten zurückbellen: „Spar dir deine Oberflächlichkeiten, solange du keine Ahnung davon hast, wie es ist, auf dieser Seite zu liegen. Solange du nicht weißt, wie es sich anfühlt, wenn man einen lieben Menschen begraben musste. Solange du nicht weißt, wie es sich anfühlt, wenn man vor Schmerzen nicht mehr denken kann. Solange du nicht weißt, wie es sich anfühlt, wenn man immer noch nicht schwanger ist. Solange du nicht weißt, wie es sich anfühlt, wenn man voller Angst auf die Diagnose wartet"?

Wie anders ist das bei Jesus. Er ist der Einzige, der wirklich, wirklich versteht, was in mir vorgeht und wie es mir geht.

Ich erlebe, wie eine ganz neue Verbundenheit entsteht. Eine

Bindung, die nur aus gemeinsamem Leiden erwächst. Er und ich. Wir beide haben schon leiden müssen. Wir haben etwas gemeinsam. Wir verstehen uns dadurch besser. Wir werden dadurch näher zueinander gebracht. Was für eine wunderbare Erfahrung.

Jesus ist kein Gott, der nur auf seinem Thron sitzt und von schlimmen Dingen und Grausamkeiten keine Ahnung hat. Er war schon da. Er hat sie durchlebt. Und er ist in seinem Leiden weiter und tiefer gegangen, als je ein Mensch herausgefordert ist zu gehen. Er trug alle Schuld der Welt und ließ sich dafür verurteilen. Es gibt kein Leid, das schlimmer ist. Keinen Schmerz, der schmerzlicher ist.

Er ist weiter gegangen, als wir es müssen. Und deshalb haben wir immer einen Bräutigam an der Seite, der uns versteht. Der wirklich trösten kann. Wir sind in unserem Leiden nicht allein, sondern dürfen eine tiefe Nähe mit Jesus genießen. Eine Intimität, die nur durch geteiltes Leid entsteht.

ICH WEIß NICHT,
warum Gott ES ZULÄSST,
DASS HERZEN BRECHEN, ABER
ES MUSS EINEN WICHTIGEN GRUND
GEBEN. IMMERHIN LÄSST GOTT
AUCH ZU, DASS SEIN
eigenes Herz ANGESICHTS
UNSERES LEIDS *bricht*.

ANN VOSKAMP

Der Herzensschlüssel

*Sie gehen durch das Tränental
und machen es zu einem Quellort.*

Psalm 84,7 (ELB)

Meine wundervolle Braut!

Ich möchte dir gerne noch von einer wunderschönen Sache erzählen. Von etwas Erstaunlichem, das du aus deinem Leiden mitnehmen darfst. Ein Geschenk. Durch die schwierigen Zeiten in deinem Leben erhältst du ein unglaublich wertvolles Geschenk. Einen Herzensschlüssel. Durch deine Leiden bekommst du Zugang zum Herzen anderer leidender Menschen. Weil du selbst gelitten hast, kannst du ihnen Trost spenden und Liebe schenken. Auf diese besondere Art eben, die man nur beherrscht, wenn man selbst schon einmal durch das Tränental wandern musste.

Du hast selbst erlebt, wie sehr man die Liebe und Zuwendung anderer braucht, wenn man leidet. Und wie sehr es einen Unterschied macht, ob dieser andere wirklich weiß, wovon er erzählt. Das erinnert mich an Paulus, der an die Korinther schrieb, dass er sehr viel Leid erleben musste und dann aber auch sehr viel Trost und Ermutigung von Gott bekommen hat. Und weil er dies im Übermaß erlebt hat, kann er den göttlichen Trost und die Ermutigung auch weitergeben. An die, die es brauchen (2. Korinther 1). Weil du selbst weißt, wie es ist, im tiefen Matsch des Tränentals festzustecken, kannst du andere besser trösten, die weinen. Weil du selbst zerbrochen wurdest, kannst du die besser verstehen und begleiten, die ein zerbrochenes Herz haben. Dir ist ein Schlüssel zum Herzen leidender Menschen gegeben worden.

Dir eröffnen sich ungeahnte Möglichkeiten. Du kannst das Wunder erleben, wie aus dem Tränental ein Quellort entsteht. Du kannst zu einer erfrischenden Quelle für andere werden. Weil du aus deinen eigenen Tränen Wasser geschöpft hast. Und damit vollzieht sich dieses Wunder der Verwandlung. Dein eigenes dunkles Tränental wird zu einem erfrischenden Ouellort für andere umgestaltet. Weil du umgestaltet wirst. Ein Wunder. Du selbst wirst zur Quelle.

Bitte nutze deinen Schlüssel! Lass ihn nicht versteckt im Schrank hängen! Dafür ist er zu wertvoll. Selbst wenn es dir nicht immer leichtfallen wird, transparent zu sein und dich damit verletzlich zu machen. Es ist es wert. Erinnere dich daran, wie tröstend andere Menschen für dich waren, als sie deinen innerlich verdurstenden Körper mit erfrischendem Wasser aus ihrem eigenen Tränental getränkt haben. Erinnere dich an diesen Segen, den du selbst erfahren hast! Und sei freigiebig dabei, ihn weiterzugeben!

Erlebe, wie du dabei selbst von tiefem Frieden erfüllt wirst. Weil du merkst, wie die dunklen Schatten deines Tränentals, die dich immer noch innerlich zum Erschaudern gebracht haben, ihre Bedrohlichkeit verlieren. Und wie sich stattdessen immer mehr Licht und Freude in dieser Dunkelheit ausbreitet. Weil sich die Tränen zu lebenserhaltendem Wasser verwandeln. Und andere gesegnet werden durch sie. Und du verstehst, dass ich etwas Gutes aus diesem furchtbaren Ort entstehen lasse. Dich. Du bist zu einer Quelle geworden, die Licht und frisches Wasser in die Dunkelheit und Dürre anderer bringt.

Und damit wirst du selbst zum Herzensschlüssel. Ist das nicht wunderbar?

In großer Liebe

dein Bräutigam

DICH WILL ICH PREISEN!

*Da stand Hiob auf, zerriss sein Obergewand
und schor sich den Kopf. Dann fiel er zu Boden
und betete: „Nackt bin ich zur Welt gekommen,
und nackt verlasse ich sie wieder. HERR,
du hast mir alles gegeben,
du hast mir alles genommen, dich will ich preisen!"
Obwohl dieses Leid über ihn hereinbrach,
versündigte Hiob sich nicht. Kein böses Wort
gegen Gott kam über seine Lippen.*
Hiob 1,20-22 (Hfa)

Ich kann dem Drang zu fliehen kaum standhalten. Ich ertrage dieses Elend nicht, das sich vor meinen Augen abspielt. Manche Dinge sind zu schwer, um sie zu tragen. Er hat alles verloren. Alles, was ihm lieb war. Sein Besitz? Verloren. Seine Gesundheit? Weg. Seine Kinder? Tot. Kann es für Eltern etwas Schlimmeres geben als das?

Seine ganze Welt zerfällt gerade wie ein Kartenhaus. Alles, was sein Leben ausgemacht hat, ist plötzlich vorbei. Es fällt mir so schwer, bei diesem Elend überhaupt hinzusehen. Am liebsten möchte ich mich abwenden. Meine Augen schließen, mich umdrehen und weglaufen. Weg von diesem Leid. Weg von diesem Kummer. Ich kann den zerbrochenen Anblick dieses Mannes kaum ertragen.

Doch ... etwas lässt mich stehen bleiben. Und noch einmal genau hinsehen. Was tut er da? Zaghaft gehe ich einen kleinen Schritt auf ihn zu. Ich sehe, wie er sich in Zeichen der Trauer hüllt, indem er sein Gewand einreißt und sich den Kopf rasiert. Die Trauer muss nach außen sichtbar werden. Wie gut ich das verstehen kann. Mit diesem Leid würde ich auch nicht allein bleiben wollen.

Ich höre etwas. Kann nicht genau verstehen und wage mich vorsichtig noch ein paar Meter näher. Näher an dieses Leiden. Werde ich diesen Kummer verarbeiten können, der sich vor meinen Augen entfaltet? Ich weiß es nicht. Staub wirbelt auf. Der zerbrochene Mann lässt sich auf den Boden sinken. „HERR, du hast mir alles gegeben, du hast mir alles genommen, dich will ich preisen!"

Waaaaas? Habe ich wirklich richtig gehört? Ich traue meinen Ohren nicht. Kann das sein? Unmöglich. „Du hast mir alles gegeben, du hast mir alles genommen, dich will ich preisen"?

Ich staune. Voller Ehrfurcht stehe ich da und sehe einen Mann, der selbst im tiefsten Leid Gott kein böses Wort an den Kopf wirft. Kein „Wie kannst du nur?". Kein „Wenn du so bist, dann kannst du mir gestohlen bleiben!". Nein. Ich höre Vertrauen statt Zorn. Lobpreis statt Vorwurf. Ja, ich höre ganz viel Traurigkeit und Verzweiflung. Aber der Lobpreis klingt in dieser Trostlosigkeit so viel lauter als all der Kummer und hallt noch lange in meinen Ohren nach.

Dieser Mann lobt Gott. Jetzt. Hier. Mitten in seinem Elend.

Ich höre den Lobgesang und merke sofort: Hier geht es ans Eingemachte. Das hier ist nichts für Zimperliche. Ja, es gibt viele Herausforderungen im Leben. Aber das hier? Wie soll das möglich sein? Gott loben, wenn alles zerbricht? Seine Liebe preisen, wenn man im Kummer versinkt?

Aus sicherer Entfernung betrachte ich diesen unglücklichen Mann. Sein Körper ist übersät mit Wunden. Das Gesicht schmerzverzerrt. Wie kann er jetzt noch Gott loben? Und dann sehe ich seine Augen. Und auf einmal kenne ich die Antwort. Weiß, warum er selbst jetzt noch seinen Gott lobt. Es ist Liebe. Eine tiefe Liebe zu Gott ist in seinen Augen zu lesen.

Hiob. Ein außergewöhnlicher Mann. Obwohl – eigentlich ist er ganz normal. Er ist ein Mensch wie du und ich. Ein Mensch mit Zielen und Plänen. Träumen und Wünschen. Ängsten und

Sorgen. Ein normaler Mensch. Wie wir. Aber etwas ist trotzdem besonders an ihm. Seine Liebe und sein Vertrauen zu Gott. Und diese Liebe und dieses Vertrauen sind größer als der Scherbenhaufen seines Lebens, der sich eiskalt und scharf vor ihm aufstapelt. Das tiefe Ruhen in der Gewissheit, dass Gott immer noch gut ist. Es ist auch jetzt noch da.

Beschämt wende ich meinen Blick ab. Kann ich Gott loben, auch dann, wenn es mir schlecht geht? Wenn ich mich an den spitzen Ecken meines eigenen Scherbenhaufens vor mir blutig geschnitten habe? Ich glaube, ich singe in solchen Momenten eher Klagelieder statt Loblieder.

Ja, es stimmt. Klagelieder haben auch ihren Platz. Es geht nicht darum, dass man nicht klagen dürfte. Die Bibel ist voll von zerbrochenen Menschen, die Gott ihr Herz ausschütten. Ihm ihr Leid klagen und ihre Hände zu ihm ausstrecken. Ein Großteil der Psalmen ist gefüllt von diesen Klagegebeten. Klagen ist erlaubt. Die Bibel räumt dem Klagen sogar ein ganzes Buch ein – die Klagelieder.

Nein, Gott ist nicht gegen Klagen. Er liebt es, wenn wir uns ihm rückhaltlos hinwerfen. Hinein in seine Arme. Schluchzend und tränenüberströmt seinen Trost suchen. Uns einfach mal ausweinen. Ohne Hemmungen.

Und doch. Ich bin fasziniert von diesem Mann in zerrissenen Kleidern und Staub auf seinem rasierten Kopf. Diesem Mann, der so erfüllt ist von der Liebe zu seinem Gott, dass er ihm Lob statt bösen Worten zuruft. Und das in der dunkelsten Stunde seines Lebens.

Ich merke: Das will ich auch. Will von Hiob lernen. Ich will meinen Gott rückhaltlos lieben können. Lieben, ohne vorher die Gewissheit zu bekommen, dass alles so laufen wird, wie ich es mir erhoffe. Ich möchte so lieben können, dass auch ich in der dunkelsten Stunde meines Lebens sagen kann: „HERR, du hast mir alles gegeben, du hast mir alles genommen, dich will ich preisen!"

> **IM VERTRAUEN AUF Gottes Liebe KANN ICH MIT SCHULD, ENTTÄUSCHUNGEN, UNERFÜLLTEN HOFFNUNGEN UND GEPLATZTEN TRÄUMEN UMGEHEN.**
>
> GISELA GIESSLER

GLÜHBIRNEN, KNOCHEN UND DIAMANTEN

*Wir freuen uns auch über die Nöte,
die wir jetzt durchmachen. Denn wir wissen,
dass Not uns lehrt durchzuhalten,
und wer gelernt hat durchzuhalten, ist bewährt,
und bewährt zu sein festigt die Hoffnung.*
Römer 5,3-4 (NGÜ)

„Damit eine Glühbirne leuchten kann, braucht sie Widerstand."

Das habe ich ja noch nie gehört! Wobei ... vielleicht habe ich es irgendwann mal in der Schule gelernt und erfolgreich vergessen. Das wäre jedenfalls kein Wunder, denn von Elektrik, Handwerk und allem, was so dazugehört, habe ich null Ahnung. Aber dieser Gedanke packt mich.

Ich höre weiter zu. „Wenn der Spannung Widerstand fehlt, haben wir zwar den Strom, aber das Licht geht nicht an. Erst wenn wir die Glühbirne dem Widerstand aussetzen, fängt sie an zu leuchten." Ich bin fasziniert: Licht entsteht also erst durch Widerstand. Dahinter steckt ja eine tiefere Bedeutung ...

Normalerweise habe ich ziemlichen Respekt vor Widerstand. Ich mag es, wenn alles smooth und einfach ist. Ohne Probleme und Schwierigkeiten. Die Frage ist nur: Ist das hilfreich? Kann mein Licht scheinen, wenn ich keinem Widerstand ausgesetzt bin?

Mir kommen noch andere Beispiele in den Sinn. Druck ist nicht immer schlecht. Druck kann auch wunderbare Dinge zum Vorschein bringen. Ohne Druck und Schleifen wäre zum Beispiel ein Diamant nicht mal halb so schön. Er muss dieser rauen Behandlung ausgesetzt werden, um seine geniale Schönheit zu erlangen.

Oder unsere Knochen: Sie brauchen Druck und Belastung, um schön und stark zu sein. Ohne diesen Druck verkümmern sie. Würde man einen gesunden Knochen für lange Zeit eingipsen, würde er dünn und porös werden. Die wechselnde Belastung von Zug und Druck ist für unsere Knochengesundheit existenziell.

Meine Gedanken gehen mit dieser Wahrheit auf Wanderschaft. Brauche ich vielleicht auch Druck, um im Leben weiterzukommen? Kann mein Licht sonst nicht scheinen? Aber Druck kann ja auch zerstörerische Folgen haben. Unter starker Belastung gehen Dinge kaputt. Wir verletzen uns. Porzellan zerbricht. Ehen und Gesundheit zerbrechen unter dauerhaftem Druck. Wir brechen unter unseren Lasten zusammen. Burnout. Krankheiten. Leid kann uns zerbrechen und letztlich zerstören. Wir können das Gefühl haben, dass die Last einfach zu groß für uns ist, und dann unter ihr einknicken. Wir verlieren alle Freude. Alle diese Dinge schaden uns doch mehr, als dass sie uns helfen.

Ist es vielleicht eher eine Sache der Entscheidung? Hängt manches davon ab, wie ich mit den Schwierigkeiten in meinem Leben umgehe? Liegt es an mir zu entscheiden, was der Druck, der auf mich einströmt, in mir bewirken darf oder nicht?

Paulus schreibt den Christen in Rom, dass er sich freut, wenn ihn Sorgen oder Probleme bedrängen. Wie krass ist das denn? Kann man so etwas wirklich ernst meinen? Wie kommt Paulus dazu, so etwas zu sagen? Seine Begründung: Durch Schwierigkeiten kann er lernen, geduldig zu werden. – Geduld. Okay, da muss ich passen. Das ist nicht wirklich meine Stärke. In meinem Kopf dudelt meistens eher die Melodie „Schnell. Schnell. Schnell".

Sich in Geduld üben ist wirklich keine leichte Nummer. Paulus, was ist denn an dieser Geduldsgeschichte so wichtig? Dass man durch Geduld innerlich stark wird? Ah ja, und das stärkt meinen Glauben.

Mhm, also kann ich mir das vielleicht so vorstellen: Wenn Dinge nicht so laufen, wie ich mir das wünsche, und ich auch nichts daran ändern kann, dann muss ich das zunächst einfach mal aushalten. Durch das Aushalten wächst meine Fähigkeit, geduldig zu sein. Ich muss in solchen Situationen lernen zu warten, bis Gott eingreift. Und da er treu und verlässlich ist, wird er das auf seine Art und zu seiner Zeit auch tun. Und dadurch werde ich jedes Mal in meinem Glauben gestärkt, weil ich seine Treue erleben darf. Das heißt, schwierige Umstände machen meine Beziehung zu Jesus stark. Und diese starke Beziehung bewirkt wiederum, dass meine Probleme und Nöte nicht mehr so angsteinflößend sind wie vorher.

Ich bin bewegt von diesen neuen Gedanken. Leid hilft mir, in meiner Beziehung zu Jesus zu wachsen, und macht mich innerlich stark und geduldig. Eigentlich alles Dinge, die ich mir total wünsche. Bis auf das Leiden natürlich. Aber wenn ich wirklich Einfluss darauf habe, was das Leid in meinem Leben bewirken darf? Vielleicht kann ich es dann ja sogar zum Guten nutzen?

Ich spüre, wie sich ein Hoffnungsschimmer seinen Weg in mein Herz bahnt. Auf einmal bin ich nicht mehr nur hilfloses Opfer. Ich werde zum Lebensgestalter. Probleme, Ängste und Leid stellen mich vor eine Entscheidung. Ich muss mich entscheiden, wie ich mit ihnen umgehen will und was ich ihnen erlaube, mit mir zu machen. Ja, Leid übt einen enormen Druck auf mich aus. Und ja, Leid kann mich auch in die Knie zwingen und zerstören. Aber nicht ohne meine Zustimmung. Viel hängt von meiner Einstellung ab.

Ich habe die Wahl, was dieser Druck in mir bewirken darf. Erlaube ich ihm, mich kaputt zu machen? Oder nutze ich diese Situation, wenn ich in die Knie gezwungen wurde, um zu beten? Nutze ich Schwierigkeiten, um mich näher in die Arme meines Bräutigams treiben zu lassen und mich innerlich stark und geduldig machen zu lassen?

Ich weiß, was ich möchte. Ich möchte als Überwinderin aus leidvollen Situationen heraustreten. Aber ich weiß auch, dass ich das aus eigener Kraft niemals schaffen werde. Doch ich bin nicht allein. Mein Jesus ist bei mir. Und er stärkt mich in jedem Moment meines Lebens. Ganz besonders in den schwierigen. „Aber in diesem allen sind wir mehr als Überwinder durch den, der uns geliebt hat" (Römer 8,37; ELB).

Durch die Kraft von Jesus in mir ist es möglich, das Zerstörerische des Leides zu wenden. Indem ich mich durch diesen Druck formen und schleifen lasse, sodass ich geläutert aus dem Leid hervorkomme. Mit starken und gesunden Knochen. Mit einem Glanz, wie ihn nur ein Diamant haben kann. Und mit einem strahlenden Leuchten wie bei einer Glühbirne, die trotz ihrer geringen Größe ihr Licht in die Dunkelheit hinausstrahlt.

Dann wird dich der Herr beständig *leiten* und dir selbst in Dürrezeiten innere *Zufriedenheit* bewahren. Er wird deinen Körper erfrischen, sodass du einem soeben bewässerten Garten gleichst und bist wie eine *nie versiegende Quelle.*

Jesaja 58,11 (NL)

VORBEREITEN

Ich gehöre dir!

SIEGESKRONE

In jedem Leben gibt es Höhen und Tiefen. Das kann uns erschrecken. Aber es kann auch ein Trost sein. Am Ende des dunklen Tals wartet eine wundervolle Entdeckung auf uns: Gemeinsam mit unserem Bräutigam haben wir herausfordernde Zeiten überstanden. Ja, es war nicht einfach. Aber mit ihm zusammen haben wir uns durch das Dickicht gekämpft. Seite an Seite. Und sind dabei näher zusammengewachsen.

Schwierigkeiten können einen näher zueinanderziehen. Die Beziehung wird enger. Es entsteht Vertrauen. Ein Sich-Anvertrauen, auch wenn man nicht alles versteht. Und die Schönheit so einer intensiven Beziehung ist ein Geschenk. Ein Geschenk, das in den dunklen Tälern geformt wird und später genossen werden kann. Das ist die Siegeskrone der Talwanderung.

BRIDE-TO-BE

Denn ich kämpfe mit leidenschaftlichem Eifer um euch, mit einem Eifer, den Gott selbst in mir geweckt hat. Wie ein Vater seine Tochter mit dem einen Mann verlobt, für den sie bestimmt ist, so habe ich euch mit Christus verlobt, und mir liegt alles daran, ihm eine reine, unberührte Braut zuzuführen.

2. Korinther 11,2 (NGÜ)

Ob ich das Stückchen Schoki wirklich noch essen soll? O Mann, mir läuft gerade das Wasser im Mund zusammen. Ich betrachte den süßen Genuss vor mir. Studiere das Papierchen, das ihn einhüllt. Wie ich diese Schokoladensorte liebe ...

Aber was, wenn ich dann nicht mehr in mein schönes Kleid passe? Ich will, dass ich wunderschön darin aussehe. Und nicht wie eine Pellwurst. Mit einem Seufzer schiebe ich den Zuckertraum zurück in die Schublade. Nein, die Kosten sind zu hoch für so einen kurzen Moment Paradies auf der Zunge.

Der Hochzeitstag. Was für ein besonderer Tag. Ich wünsche mir, dass alles perfekt und wie im Märchen ist. So viel Vorbereitung. So viel Planung. So viel Träumen. Ich glaube, als Bride-to-be war ich von morgens bis abends am Träumen.

Egal, ob du schon einmal Hochzeit gefeiert hast oder noch nicht: Das wunderbarste Hochzeitsfest liegt noch vor dir. Du bist eine Braut. Die Braut von Jesus Christus höchstpersönlich. Und der Hochzeitstermin steht schon: Wenn er wiederkommt und uns zu sich holen wird, dann wird im Himmel die beste aller Hochzeiten gefeiert.

Davon können wir in der Offenbarung lesen:

> „LASST UNS FRÖHLICH SEIN
> UND JUBELN UND IHN EHREN.
> DENN DIE ZEIT FÜR DAS HOCHZEITSMAHL
> DES LAMMES IST GEKOMMEN,
> UND SEINE BRAUT HAT SICH VORBEREITET.
> SIE DARF SICH IN STRAHLEND WEISSES
> LEINEN KLEIDEN. DENN DAS STRAHLENDE LEINEN
> STEHT FÜR DIE GUTEN TATEN DER MENSCHEN,
> DIE ZU GOTT GEHÖREN."
>
> *Offenbarung 19,7-8 (NL)*

Die Hochzeit zwischen Jesus, dem Bräutigam (in der Bibel auch oft „Lamm Gottes" genannt), und der Braut, seiner Gemeinde. Du und ich, wir sind Teil dieser Gemeinde. Wir sind die Braut. Ist das nicht der Wahnsinn? Was für ein Fest steht vor uns! Was für eine Freude! Wir dürfen in strahlendem Weiß, einem perfekten Hochzeitskleid, vor unseren Bräutigam treten. Ein Wunder der Gnade.

Aber eine Hochzeit braucht viel Planung. Und auch so manchen Verzicht vorher. Vielleicht Verzicht auf Süßes, um eine halbwegs gute Figur im Kleid zu machen. Vielleicht auch finanzieller Verzicht, damit man sparen kann, um die Hochzeit mit all ihren Kosten bezahlen zu können. Eine Hochzeit wird mit etwas aufgebrachter Disziplin vorher dann umso schöner.

Aber Disziplin ist nie einfach und angenehm. Das wissen wir alle. Ich glaube, deshalb sagt Paulus, dass er mit leidenschaftlichem Eifer kämpft, um eine reine und unberührte Braut präsentieren zu können. Er schreibt das über die Gemeinde in Korinth. Als geistlicher Vater der Gemeinde fühlt er sich wie ein menschlicher Vater, der seine Tochter bewahrt und in ihre Reinheit investiert. Die Gemeinde in Korinth soll wie eine strahlende Braut für Jesus bereitstehen. Rein. Treu. Wunderschön. Aber das passiert nicht einfach so. Dafür sind Planung,

Verzicht und Disziplin gefragt. Und mit leidenschaftlichem Eifer stürzt er sich in die Aufgabe und kämpft. Um die Braut Jesu noch schöner zu machen.

Was ist mit mir? Ich weiß genau: Ich möchte eine wunderschöne Braut werden. Ich möchte in strahlendem Weiß funkeln und glitzern können. Möchte so schön sein, wie es geht. Mich schön machen für meinen Bräutigam. Aber diese Schönheit fliegt mir leider nicht einfach so zu. Genauso wie die Figur nicht einfach von alleine perfekt ist. Ich muss auf meine Ernährung achten. Muss mich disziplinieren in dem, was ich esse und wie viel ich mir davon gönne. Und das kann dann eben auch schon mal heißen, dass ich die Schoki wieder zurück in die Schublade legen muss.

So ist es auch mit meiner geistlichen Schönheit. Mit dem, was mich zu einer bezaubernden Braut Jesu macht. Was investiere ich dafür? Bin ich bereit, mal auf etwas zu verzichten, wenn es sein muss? Bin ich bereit, den inneren Schweinehund zu überwinden? Oder gebe ich jedem kleinen Verlangen nach? Bin faul und bequem? Handle ich nur nach dem Lustprinzip?

Es heißt im obigen Bibelvers, dass das strahlende Leinen für die guten Taten der Menschen steht, die zu Gott gehören. Gott schenkt mir ein reines, weißes Brautkleid. Aber die Frage ist, ob ich auch darauf achte, dass es makellos bleibt. Bin ich bereit, in meine Schönheit zu investieren? Halte ich mich rein? Vor Sünde? Falschen Motiven? Lieblosigkeit? Oder ist es mir gleichgültig? Eine verliebte Braut ist sehr darauf bedacht, dass keine Flecken auf ihr Kleid kommen. Eine Braut, die nicht daran denkt, die abgelenkt ist und sich nicht auf die Hochzeit konzentriert, sondern sich mit etwas anderem beschäftigt, riskiert ihre Reinheit.

Natürlich bin ich nicht in der Lage, mich selbst reinzuwaschen. Das ist etwas, das nur mit der Hilfe von Jesus geht. Er wäscht mich rein. Mein Part ist lediglich das Zu-ihm-Kommen. Ich darf mit Flecken auf meinem Kleid zu ihm kommen, weil er das perfekte Fleckenmittel zur Hand hat. Und wenn er mich von meinen Flecken reinigt, strahle ich in wunderschönem Glanz.

Um eine ständige Erinnerung bei mir zu haben, dass ich die Braut Jesu bin, trage ich einen Verlobungsring an meiner linken Hand. Immer wenn ich diesen Ring sehe, werde ich daran erinnert, dass ich zu Jesus gehöre und dass ich eines Tages im Himmel eine wundervolle Braut an seiner Seite sein darf. Die Erinnerung an diesen wundervollen Moment, der noch vor mir liegt, hilft in der jetzigen Vorbereitungszeit, in die richtigen Dinge zu investieren. In die ewige Schönheit.

> ... WIE CHRISTUS SEINE GEMEINDE LIEBT:
> ER HAT SEIN LEBEN FÜR SIE GEGEBEN,
> DAMIT SIE IHM GANZ GEHÖRT. DURCH
> SEIN WORT HAT ER ALLE SCHULD VON IHR
> ABGEWASCHEN WIE IN EINEM REINIGENDEN BAD.
> SO SORGT ER SELBST DAFÜR, DASS SIE
> ZU EINER SCHÖNEN UND MAKELLOSEN BRAUT
> FÜR IHN WIRD, OHNE FLECKEN, FALTEN
> ODER EINEN ANDEREN FEHLER,
> WEIL SIE ALLEIN CHRISTUS GEHÖREN SOLL.
>
> *Epheser 5,25-27 (Hfa)*

Wenn ich mit mir *sanft* umgehe und mich bequem in das Laster des Selbstmitleids und der Selbstzufriedenheit gleiten lasse; wenn ich nicht versuche, durch die *Gnade* Gottes, Stärke aufzubringen, dann weiß ich gar nichts über *Kreuzesliebe*.

AMY CARMICHAEL

DICKE ROSA WOLKEN

*„Deine Worte sind mein Leben.
Ich freue mich von Herzen, wenn du mit mir redest,
denn ich gehöre ja dir, Herr, du Allmächtiger."*
Jeremia 15,16 (NL)

Ich sitze auf einer Wolke. Einer dicken fetten rosa Wolke. Ich sehe nichts mehr. Nichts außer diesem wunderschönen Mann direkt vor mir. Versinke in seinen großen blauen Augen. Alles andere um mich herum ist wie ausgeblendet. Zeitgefühl? Weg. Hungergefühl? Weg. Die Welt um mich herum scheint wie stehen geblieben zu sein.

Die Liebesgeschichte zwischen meinem Mann und mir begann mit unendlich vielen langen Gesprächen. Wir konnten wirklich Stunden über Gott und die Welt reden. Durch diese intensiv verbrachte Gemeinschaft sind wir immer mehr aneinandergewachsen. Wir haben die Gegenwart des anderen immer öfter und immer lieber gesucht und die gemeinsame Zeit genossen. So entstanden aus zwei Fremden eine Braut und ein Bräutigam. Hätten wir keine Zeit miteinander verbracht und sie auch nicht intensiv genutzt, so wären wir uns jetzt nicht so nah, sondern immer noch fremd.

Keine Beziehung ist ohne gemeinsame Zeit möglich. Mit der Beziehung zu Jesus ist das nicht anders. Wenn wir die Gemeinschaft mit Jesus nicht suchen und sie auch nicht intensiv nutzen, dann ist er uns fremd und bleibt uns fremd. Wir kennen ihn gar nicht richtig.

Und das hat natürlich Auswirkungen: Mit Jesus zu reden oder in seinem Wort zu lesen kann sehr langweilig sein, wenn Jesus einem nichts bedeutet. Es geht darum, eine Beziehung zu pflegen und zu vertiefen. Wenn aber gar keine Beziehung besteht, sind geistliche Dinge hohl, nicht authentisch und verlieren ihren Reiz. Der Schlüssel ist die Beziehung.

Die Tiefe der Beziehung macht die Qualität der gemeinsamen Zeit aus. Für mich ist es immer noch etwas Wunderschönes, Zeit mit meinem Mann zu verbringen. Auch nach vielen Ehejahren lieben wir es zu reden und reden und reden. (Nur das mit dem fehlenden Hungergefühl funktioniert irgendwie nicht mehr so ganz – leider …) Wir lieben diese gemeinsame Zeit, weil wir uns lieben. Andere werden das in diesem Maß nicht haben, wenn sie mit meinem Mann reden. Warum? Weil sie nicht so eine Beziehung zu ihm haben wie ich. Ich bin seine Frau. Seine Braut. Und die Beziehung zwischen Braut und Bräutigam ist etwas ganz Besonderes.

Je mehr ich meinen himmlischen Bräutigam liebe, desto schöner wird auch die gemeinsame Zeit mit ihm. Und gleichzeitig: Je mehr Zeit ich mir dafür nehme, ihn kennenzulernen, desto mehr wird meine Liebe zu ihm wachsen. Unsere Beziehung wird intensiver werden. Ich werde sie mehr genießen. Und damit werde ich sie einfach aus Sehnsucht immer öfter suchen. Somit entsteht ein wundervoller Kreislauf, der mich immer mehr zu Jesus zieht.

Es ist wichtig, dass wir uns überlegen, was in unserem Leben wirklich wichtig genug ist, unsere kostbare Zeit zu bekommen. Unsere Zeit ist ein wertvolles Geschenk! Wer ist würdig, dieses Geschenk zu erhalten? Im Licht der Ewigkeit erscheinen viele der Dinge, in die wir unsere Zeit investieren, ganz schön unwichtig. Als Christen sollten wir versuchen zu lernen, die Dinge immer aus der Ewigkeitsperspektive zu sehen. Das ist nicht einfach, klar. Aber man kann daran arbeiten, sich eine neue Sichtweise anzueignen. Vielleicht müssen wir die unwichtigeren Dinge reduzieren, um Zeit für das zu haben, was noch in der Ewigkeit Wert hat.

Nichts ist wichtiger, als sich Zeit für Jesus zu nehmen.

Es macht einen großen Unterschied in meiner Zeitorganisation, wenn ich eine elementare Wahrheit verstanden habe: Ich gehöre nicht mir. Ich gehöre Jesus. Er hat für mich mit seinem kostbaren Leben bezahlt. Er hat jedes Recht, seinen Anspruch auf meine Zeit und mein Leben geltend zu machen! Aber er ist ein Gentleman und macht von diesem Recht nicht Gebrauch. Er wartet auf mich mit offenen Armen. Wartet darauf, dass ich mich für ihn entscheide. Und die Zeit mit ihm wertschätze.

Wenn ich das tue, beschenkt er mich mit dem besten Geschenk überhaupt: mit seiner Liebe. Und wenn ich diese Liebe, diese Beziehungszeit wirklich erlebt habe, will ich nie wieder ohne. Denn dann sehe ich meinen wunderbaren Bräutigam vor mir. Und versinke in seinen liebenden Augen. Wie auf einer dicken rosa Wolke eben.

GOTT, DU BIST *mein Gott*; DICH SUCHE ICH VON GANZEM *Herzen*. MEINE SEELE DÜRSTET NACH DIR, MEIN GANZER *Leib* SEHNT SICH NACH DIR. DEINE GNADE BEDEUTET MIR *mehr als das Leben*; DICH PREISE ICH VON GANZEM HERZEN! ICH WILL DICH EHREN, SOLANGE ICH LEBE,

UND MEINE HÄNDE
IM *Gebet* ZU DIR ERHEBEN.
WIE MIT KÖSTLICHEN SPEISEN,
SO MACHST DU MICH GLÜCKLICH,
DICH WILL ICH
loben und preisen.
ICH HALTE MICH NAH ZU DIR,
DENN DEINE RECHTE HAND
HÄLT MICH SICHER.

PSALM 63 (IN AUSZÜGEN; NL)

Ich kann nur staunen

*Aber trotz all dem tragen wir
einen überwältigenden Sieg davon durch Christus,
der uns geliebt hat. Ich bin überzeugt:
Nichts kann uns von seiner Liebe trennen.
Weder Tod noch Leben, weder Engel noch Mächte,
weder unsere Ängste in der Gegenwart
noch unsere Sorgen um die Zukunft,
ja nicht einmal die Mächte der Hölle
können uns von der Liebe Gottes trennen.*
Römer 8,37-38 (NL)

Mein geliebter Bräutigam!

Ich kann nur staunen. Staunen über die Liebe, die du schenkst. Dass du mich immer noch so bedingungslos liebst. Du hast es nicht immer leicht mit mir gehabt. Ich habe dir schon so einiges an den Kopf geworfen. Du hast meinen Frust erlebt und meine Wut zu spüren bekommen. Hast gesehen, dass ich es nicht immer schaffe, dir voll zu vertrauen. Immer wieder öffne ich der Angst doch wieder meine Türen. Und trotzdem lässt du mich nicht sitzen. Bleibst mir treu. Und liebst mich weiter.

Ich kann nur staunen.

Ich kann nur staunen. Staunen über die Nähe, die du schenkst. Wir haben schon so einiges miteinander erlebt. Und nicht alles war schön. Es gab so viele dunkle Tage. Angsterfüllte Momente und Zweifel. So vieles, was ich nicht verstehen konnte. Und vieles, was ich immer noch nicht verstehe. Aber ich habe eine Perle entdeckt: DU bist da! Mitten in dieser Dunkelheit. Du bist da und hältst mich. Stehst fest und sicher an meiner Seite.

Ich kann nur staunen.

Ich kann nur staunen. Staunen über die Treue, die du schenkst. Dass ich mich auf dich verlassen kann. Denn das Gefühl, immer in deiner Nähe sein zu dürfen, ist einfach überwältigend schön. Zu wissen, dass ich durch nichts und niemanden von dir getrennt werden kann, ist unglaublich. Nie wieder werde ich allein sein. Egal was das Leben noch so bringen wird. Egal wie dunkel es vielleicht werden kann. Du bist da. Und du bist durch und durch treu und wirst mich nie alleine lassen.

Ich kann nur staunen.

Ich kann nur staunen. Staunen über die Freude, die du schenkst. Das Leben an deiner Seite ist einfach so überreich. So vollgestopft mit Zufriedenheit, Frieden und Glück. Und das, obwohl nicht immer alles glattläuft. Aber zu erleben, dass du mich durch alle Schwierigkeiten hindurch trägst, ist ein wertvoller Schatz. Durch diese harten Zeiten werde ich näher zu dir geschoben. Direkt in deine Arme. Und diese Intimität mit dir zu erleben ist wertvoller. Wertvoller als eine Existenz ohne Probleme. Denn wahre Freude finde ich erst in deinen Armen.

Ich kann nur staunen.

Ich kann nur staunen. Staunen über die Ruhe, die du schenkst. Ich spüre, wie ich ruhiger werde. Wie mich ein tiefer Friede erfüllt. Auf einmal kann ich mit einem Lachen in die Zukunft blicken. Ohne Sorgen und Ängste. Denn du erfüllst mich mit Zuversicht. Ich habe dich in den Stürmen des Lebens erlebt und festgestellt, dass du ein fester Grund bist. Ich werde nicht schwanken und stürzen, weil du an meiner Seite bist. Die Lebensfreude, die durch dieses Wissen entsteht, ist unbezahlbar. Ich bin so glücklich über dich! Es ist so schön, an deiner Hand durch dieses Leben gehen zu dürfen. Was für ein Glück!

Ich kann nur staunen.

Voller Liebe,

deine Braut

⟫ BIBEL À LA CARTE ⟪

Wie sehr liebe ich dein Gesetz!
Den ganzen Tag denke ich darüber nach.
Wie süß schmecken mir deine Worte,
sie sind süßer als Honig.
Psalm 119,97+103 (NL)

Vielleicht fragst du dich jetzt, wie du am besten deine Beziehung zu Jesus pflegen kannst. Du sitzt vor deiner Bibel und überlegst, wie du diese Zeit gestalten könntest. Das Wunderbare bei diesen Fragen: Es gibt nicht nur den einen richtigen Weg. Es gibt so viele verschiedene Möglichkeiten, deine Bibel zu lesen und Jesus dadurch besser kennenzulernen.

Um dir ein paar Inspirationen zu geben, habe ich dir mal verschiedene Wege vorgestellt, wie man so ans Bibellesen herangehen kann. Diese Liste ist einfach nur eine Ideensammlung von mir und bestimmt nicht vollständig. Vielleicht fallen dir ja noch viele weitere Ideen ein.

DIE VOLLE DRÖHNUNG: DIE BIBEL IN EINEM JAHR DURCHLESEN

Meine Mama ist mir ein großes Vorbild, was das Bibellesen angeht. Jedes Jahr liest sie die Bibel einmal ganz durch. Und das Besondere: Sie ist meistens schon im August oder September fertig, wenn sie am 1. Januar damit begonnen hat. Wow. In dieses Tempo kann ich mich leider noch nicht einreihen. Aber auch ich habe schon mal das Experiment gemacht, in einem Jahr Gottes Wort durchzuackern. Mein Fazit: Es ist echt genial. Klar, man hat ein ordentliches Pensum am Tag, aber das Ergebnis ist es wert. Man versteht so viele Dinge wirklich besser, wenn man alles mal im Zusammenhang gelesen hat.

HÄPPCHEN: EIN BUCH DER BIBEL NACH DEM ANDEREN

Mir nach und nach ein Buch der Bibel auszusuchen und es zu lesen ist meine Lieblingsbibellesemethode. Dabei gehe ich meistens nicht chronologisch vor. Ich suche mir einfach ein Buch aus und lese es in meinem Tempo durch. Danach suche ich mir wieder ein Neues aus. Manchmal bin ich in einer „Neues-Testament-Phase", in der ich ein halbes Jahr oder so nur in diesem Teil der Bibel lese. Oder anders herum: Ich halte mich längere Zeit im Alten Testament auf. Manchmal switche ich auch hin und her.

NICHT GENUG BEKOMMEN: EIN BUCH ODER EIN KAPITEL MEHRMALS HINTEREINANDER LESEN

Intensiv wird es, wenn man sich für längere Zeit demselben Buch oder sogar demselben Kapitel widmet. Es ist faszinierend, wie man immer wieder neue Gedanken und Erkenntnisse hat, wenn man in einen Bibeltext hineintaucht.

TIEFSEETAUCHEN: BIBELSTUDIUM

Häufig unterschätzt, aber genial ist auch das Bibelstudium. Und damit meine ich kein 5-Jahre-Studium am Bibelseminar (wobei ich das auch sehr empfehlen kann ;-)). Bibelstudium bedeutet, dass ich versuche, einen bestimmten Abschnitt der Bibel in seiner Tiefe und Bedeutung zu ergründen. Dass ich mir Kommentare und Nachschlagewerke zu Hilfe nehme. Dass ich mir Zeit nehme zu verstehen, was hier wirklich steht. Und nicht nur oberflächlich drüberweg lese und meine, alles verstanden zu haben.

Die Bibel ist ein Schatz mit unendlicher Tiefe. Egal wie tief ich grabe, ich komme nie am Grund an. Es geht immer weiter. Ich werde nie alles verstanden haben. Es gibt immer mehr.

Ich muss sagen, dass mich das total begeistert. Gottes Schatz hat kein Ende und ich darf so tief eintauchen, wie ich nur kann, und werde satt. Mein ganzer Hunger nach Liebe, Antworten, Ermutigungen, Trost und Rat wird von Gott durch die Bibel gestillt.

PS: Richtig cool ist es auch, wenn ich beim Bibellesen mein Gebetstagebuch (was einfach nur ein normales Notizbuch ist) und einen Stift zur Hand habe. Dann kann ich Gedanken, die mir wichtig werden, sofort aufschreiben. Man meint immer, dass man alles behalten kann, aber ehrlich gesagt vergesse ich ziemlich viel, wenn ich es mir nicht notiere.

HERZENSSCHÄTZE

*Und du sollst Jahwe, deinen Gott,
mit ganzem Herzen lieben, mit ganzer Seele
und ganzer Kraft. Und die Worte,
die ich dir heute verkünde, sollen in deinem Herzen sein.
Präge sie deinen Kindern ein und rede davon,
ob du in deinem Haus bist oder unterwegs,
ob du dich hinlegst oder aufstehst.
Du sollst sie als Zeichen auf deine Hand binden
und als Merkzeichen auf deiner Stirn tragen.
Du sollst sie auf die Türpfosten
deines Hauses schreiben und an deine Tore.*

5. Mose 6,5-9 (Hfa)

Warum sind wir Menschen eigentlich so vergesslich? Manchmal hab ich echt das Gefühl, mein Hirn ist wie ein Sieb. Und das natürlich gerade bei den wichtigen Sachen. Den unwichtigen Kram kann ich mir oft aus irgendeinem Grund viel besser merken. Vor einiger Zeit stand ich doch tatsächlich an der Kasse und wollte mit Karte zahlen und hatte auf einmal meine PIN vergessen! 20 000-mal schon ohne Probleme eingegeben und auf einmal stehe ich da wie ein Volltrottel und mir fallen diese vier kleinen Zahlen nicht mehr ein. Ich hätte echt im Boden versinken können …

Leider vergesse ich auch die wirklich wichtigen Wahrheiten im Leben viel zu oft. Manchmal ist mein Kopf so vollgestopft mit dem Müll, den die Welt mir eintrichtert, dass ich die Schätze vergesse, die mir Gott tief in Herz und Kopf setzen möchte.

Es ist so wichtig, dass wir uns mit Gottes Schätzen füllen. Und das immer wieder. Wir müssen ausgerüstet sein, wenn wir mit falschen Botschaften bombardiert werden. Wir müssen wissen, was Gottes Wort sagt, um etwas dagegensetzen und fest stehen zu können und nicht wie ein Fähnchen im Wind zu sein.

Sein Wort in uns zu haben ist ein unbezahlbarer Schatz, den uns niemand nehmen kann. Und wir können diesen Schatz jeden Tag auffüllen. Durch das Lesen und Verinnerlichen unserer Bibel sammeln wir Gold. Und durch das bewusste Auswendiglernen von Bibelversen oder ganzen Abschnitten sammeln wir Diamanten.

Aus irgendeinem Grund ist gerade das Auswendiglernen der Bibel ziemlich aus der Mode gekommen. Und ich glaube, es gibt kaum einen schlimmeren Fauxpas. Wie sollen wir uns in einer verdrehten Welt, in der es drunter und drüber geht, zurechtfinden, ohne den Wegweiser des Lebens zu kennen? Wie wollen wir über ethische Fragen diskutieren, wenn wir nicht wissen, was die Bibel bzw. Gott dazu sagt? Wie wollen wir uns überhaupt über Glaubensthemen und Fragen austauschen, wenn wir nicht einmal mehr wissen, was den Glauben ausmacht? Wenn ich die Bibel nicht mehr kenne, bin ich allein auf mich angewiesen. Und das ist fatal. Denn ich bin ein fehlerhafter Mensch mit begrenztem Verstand.

Wenn ich mal darüber nachdenke, was meine Großeltern noch alles auswendig konnten! Sie waren in der Bibel zu Hause. Ich habe die Bibel meines Opas immer geliebt. Sie war von oben bis unten angemalt und markiert. Jede Seite war abgegriffen. Überall Notizen und Querverweise.

Jede Minute, die mit Bibellesen verbracht ist, ist eine wertvolle Minute. Meine Oma war in den letzten Jahren ihres Lebens fast vollständig blind. Aber sie hatte sich in ihrem Leben einen Schatz im Herzen angesammelt. Ein Schatz voll von Gottes Wort. Sie konnte von diesem Schatz in ihren letzten Lebensjahren zehren. Denn auch wenn wir ihr gerne aus der Bibel vorgelesen haben, so konnten wir es ja nicht ständig. Es gab viele Stunden, in denen sie dann doch allein war. Aber sie hatte ein Leben lang mit Jesus gelebt und schöpfte nun aus diesem Schatz.

Von meinen Großeltern habe ich gelernt, wie wichtig und hilfreich das Auswendiglernen von Bibelversen ist. Wenn man in Not ist, wenn man krank wird oder alt, dann hat man einen Schatz parat, nicht nur im Herzen, sondern auch im Kopf.

Warum sind wir oft nicht so fit darin? Es ist ja nicht so, als seien wir unfähiger, Dinge auswendig zu lernen, als es unsere Eltern oder Großeltern waren. Wahrscheinlich liegt der Grund eher in unserer Blickrichtung. Wir kennen heute oftmals den unwichtigen Kram auswendig und vergessen die Schätze.

Denn: Was bringt es dir, den letzten Kinohit mitsprechen zu können, wenn deine langjährige Beziehung in die Brüche geht? Was bringt es dir, genau zu wissen, in welcher Minute Bayern den Ausgleich geschossen hat, wenn dein Arzt dir eine ernste Diagnose stellt? Was bringt uns unser Wissen in Nebensächlichkeiten, wenn unsere Welt ins Wanken gerät? Wenn wir Fragen haben? Angst vor dem Morgen haben?

Wir brauchen einen wahren Schatz in unserem Herzen. Einen unvergänglichen. Der echten Wert hat für unser Leben. Und der immer aktuell ist und nie aus der Mode kommt. Dann kann der Heilige Geist auch darauf immer wieder zugreifen.

Es ist so wundervoll, wenn man in den verschiedensten Lebenssituationen aus der Fülle der Bibel schöpfen kann. Da muss es gar nicht um dramatische Extremsituationen gehen. Es können auch diese total normalen Alltagsmomente sein. Ein schöner ermutigender Vers, der einem einfällt, wenn man gerade die Geburtstagskarte für die Tante schreibt. Ein weiser Tipp aus den Sprüchen, wenn man sich fragt, wie man sich in einer kniffligen Situation auf der Arbeit verhalten soll. Ein schöner Psalmvers, der einem hilft, von den turbulenten Umständen weg auf Jesus zu sehen.

Es gibt keine Lebenslage, in der wir nicht auch Begleitung in der Bibel finden würden. Die Bibel ist ein Schatz. Wir sollten vielleicht mehr versuchen, sie so zu behandeln ... Wir können unserem Herzen nichts Besseres gönnen.

PS: Sind dir schon die Bibelverse aufgefallen, die in diesem Buch eine ganze Seite füllen? Die Seiten sind extra wunderschön gestaltet (Vielen Dank, Danni, für deine unglaublich gute Arbeit. Du bist eine wundervolle Designerin!), damit du sie dir einfach kopieren und in einem Bilderrahmen an die Wand hängen kannst. Oder du fotografierst sie und nimmst sie als Hintergrundbild auf deinem Smartphone. Du kannst sie gerne verwenden. Ich wünsche mir von Herzen, dass du die Verse dadurch schneller auswendig lernst und sie so zu einem Schatz in deinem Herzen werden können.

Und wenn du auch eine von diesen unglaublichen kreativ begabten Frauen bist, die ich so bewundere, dann such dir gerne noch andere Verse raus und versuche dich an Handlettering, Bible Art Journaling und Co. ...

> JE MEHR EIN MENSCHLICH *Herz* MIT IRDISCHEN DINGEN BESCHWERET IST, DESTO WENIGER KANN ES SICH EMPORHEBEN UND IN DER *Liebe Gottes* ERFREUEN.
>
> JOHANN ARNDT

Deine Stimme

*„Lass mich deine Stimme hören!
Denn deine Stimme ist wundervoll
und du siehst so schön aus."*
Hoheslied 2,14 (NL)

Meine geliebte Braut!

Wusstest du, dass ich es liebe, deine Stimme zu hören? Dass ich mich nach Gesprächen mit dir sehne? Ich bin begeistert, wenn du mir davon erzählst, was dir heute alles passiert ist. Ja, natürlich weiß ich auch so, wie dein Tag war. Aber ich freue mich so sehr, wenn du mir trotzdem davon berichtest. Es aus deinem Mund zu hören, ist einfach wunderschön. Weil ich dich liebe und es mir mehr um diese Zeit mit dir geht als um bloße Informationen.

Wusstest du, dass ich es liebe, deine Stimme zu hören? Ich liebe es, wenn du zu mir kommst. Wenn du mir erzählst, wie es dir wirklich geht. Ohne Masken. Ohne eine „Mir-geht's-gut-Lüge". Du darfst ehrlich bei mir sein. Brauchst dich nicht scheuen, mir die Wahrheit zu erzählen. Ich kann damit umgehen. Bei mir gibt es keine Fettnäpfchen und keine Tabuthemen. Komm zu mir und schütte mir dein Herz aus!

Wusstest du, dass ich es liebe, deine Stimme zu hören? Ich höre dir wirklich zu. Mit ungeteilter Aufmerksamkeit. Du musst mich nicht erst wachrütteln oder Schlange stehen, bis du zu mir kommen kannst. Ich bin da. Sofort. Und so nah. Komm zu mir und genieße diese Gesprächszeit mit mir. Nirgendwo sonst kannst du so auftanken und zur Ruhe kommen wie bei mir.

Wusstest du, dass ich es liebe, deine Stimme zu hören? Einfach nur dich zu hören? Du musst nicht erst lange nach den passenden Worten suchen. Rede einfach drauflos! Es ist so unkompliziert, mit mir zu sprechen, glaube mir. Du brauchst keine geschwungenen Reden und ausgefeilten Sätze. Sei einfach du! Du kannst mit mir so reden wie mit deinen engsten menschlichen Vertrauten auch.

Wusstest du, dass ich es liebe, deine Stimme zu hören? Ganz entspannt nur du und ich. Mach es dir gemütlich! Und vergiss deinen Kaffee nicht! Lass uns beieinandersitzen und plaudern! Unsere gemeinsame Zeit ist ein Geschenk. Etwas ganz Besonderes. Ein Gespräch zwischen zwei Liebenden. Zwischen Braut und Bräutigam. Eine Zeit, in der du immer wieder etwas Neues über mich erfahren kannst. Mehr verstehen lernst, mit was für einer überschwänglichen Liebe ich dich liebe.

Wusstest du, dass ich es liebe, deine Stimme zu hören? Egal wo du bist oder was du machst. Du kannst immer mit mir reden. Wenn du mit dem Auto zur Arbeit fährst. In der Mittagspause versuchst, den Kopf frei zu bekommen. Wenn du nachmittags durch den Wald joggst oder dich abends bei Kerzenschein auf dein Sofa kuschelst. Der Weg zu mir ist so kurz. Ich höre und bin für dich da. Und ich warte voller Vorfreude auf deine Stimme.

In Liebe

dein Jesus

WENN GOTT FÜR MICH KÄMPFT

*Legt die Rüstung an, die Gott für euch bereithält;
ergreift alle seine Waffen! Damit werdet ihr in der Lage sein,
den heimtückischen Angriffen des Teufels standzuhalten.
Denn unser Kampf richtet sich nicht
gegen Wesen von Fleisch und Blut,
sondern gegen die Mächte und Gewalten der Finsternis,
die über die Erde herrschen, gegen das Heer
der Geister in der unsichtbaren Welt,
die hinter allem Bösen stehen.
Deshalb greift zu allen Waffen,
die Gott für euch bereithält!
Wendet euch, vom Heiligen Geist geleitet,
immer und überall mit Bitten und Flehen an Gott.*
Epheser 6,11-13+18 (NGÜ)

Bist du auch so oft unzufrieden mit deinem Gebetsleben? Fühlst dich irgendwie wie ein schlechter Christ, weil dieser Bereich deines Lebens so zu wünschen übrig lässt? Du merkst, dass sich Jesus so fern anfühlt. Du würdest so gerne etwas daran ändern. Und eine große Beterin sein. Aber irgendwie will es einfach nicht klappen mit dieser Zeit im „stillen Kämmerlein".

Ich kann dir gar nicht sagen, wie oft ich mich genauso fühle. Irgendwie ist das Beten immer so mein Schwachpunkt. Obwohl ich eigentlich genau weiß, dass es meine Stärke sein sollte. Denn was ist schon ein Christ mit einem lausigen Gebetsleben, oder? Es ist nicht so, als ob ich nie beten würde. Ich nehme mir jeden Tag Zeit dafür. Aber ich merke, dass das einfach nicht alles sein kann.

Immer wieder lese und höre ich von anderen Christen, die

voller Leidenschaft auf ihren Knien vor Gott für Menschen und vieles andere eingestanden sind. Die sich nicht gescheut haben, viele Stunden ihres Tages dem Gebet zu widmen. Die mit ganzem Herzen dabei waren, wenn sie gebetet haben. Und damit letztlich die Welt verändert haben. Die Geschichte ist voll von diesen hingegebenen Betern.

Die traurige Wahrheit ist leider nur, dass ich nicht zu ihnen gehöre.

Ich bin kein treuer Beter. Wenn ich anderen zusage, für sie zu beten, dann tue ich es zwar, aber nicht mit Ausdauer und Treue. Wie schnell rutschen immer wieder meine kleinen (und leider oft unwichtigen) Anliegen dazwischen. Und schwups sind sie vergessen – die ganzen Anliegen, für die ich doch alle so intensiv beten wollte.

Ich bin auch kein hingegebener Beter. Es ist unglaublich, wie viele Dinge mir auf einmal einfallen, wenn ich versuche zu beten. Szenen aus dem Film, den mein Mann und ich gestern Abend noch geschaut haben. Die Aufgabenliste für das Schulfest meines Sohnes, in die ich mich noch nicht eingetragen habe. Der Zahnarzttermin, der noch ausgemacht werden muss. Ach ja, und natürlich der kostenlose Versand in meinem Lieblings-Onlineshop, der nur noch heute gilt. Wie du siehst: Gebet ist nicht gerade etwas, mit dem ich mich brüsten könnte.

Aber mir ist etwas ganz neu bewusst geworden, das meine Sicht auf das Gebet total verändert – das mir hilft, mich ganz anders darauf zu konzentrieren: Gebet ist Kampf. Ja, Gebet ist auch ein liebevolles Gespräch mit meinem Jesus. Aber es ist nicht nur das. Es ist mehr. So viel mehr. Gebet ist die stärkste Waffe, die wir besitzen. Durch Gebet werden unmögliche Dinge möglich. Weil der Grenzen sprengende Gott hört und handelt. Wenn ich bete, dann kämpft Gott für mich. Und Gott siegt immer in seinen Kämpfen. Ich muss nicht alleine kämpfen. Ich muss mich dem Feind gar nicht direkt stellen. Ich darf mich hinter Jesus, meinen Retter, stellen. Er kämpft für mich.

Ich glaube, dass viele von uns so nachlässig im Gebet sind,

weil wir nicht verstanden haben, in welcher Situation wir uns befinden. Das Leben ist kein Sonntagsspaziergang. Es ist ein Kampf. Auch wenn nach außen alles vielleicht überhaupt nicht danach aussieht. Ein süßes Haus mit Blumenstauden vor der Tür, ein schönes Auto, ein gut bezahlter Job, eine hippe Gemeinde mit bewegendem Lobpreis, ein toller Mann, bezaubernde Kinder.

Aber das ist nur die Fassade. Hinter dieser nett bestückten Bühne findet ein knallharter Kampf um Leben und Tod statt. In der Bibel steht, dass Satan seit jeher gegen Gott kämpft. Er versucht mit aller Kraft, alles durcheinanderzubringen und zu zerstören, was Gott liebt und erschaffen hat. Und damit sind wir Menschen seine größte Zielscheibe. Satan weiß genau, dass er Jesus ins Herz trifft, wenn er seine Braut attackiert. Und genau deshalb tut er seit Erschaffung des Menschen nichts anderes, als ihn von seinem Gott zu entzweien. Braut und Bräutigam sollen getrennt werden.

Wir müssen den Tatsachen ins Auge sehen: Wir allein ohne Jesus haben nicht die geringste Chance, gegen unseren Feind zu bestehen. Wir werden jämmerlich untergehen und versagen. Weil wir schwach und kraftlos sind. Aber mit Jesus werden wir siegen! Das ist eine der wunderbarsten Nachrichten der Bibel! Mit Jesus werden wir siegen! Kein Feind ist zu stark. Kein Angriff vernichtend. Weil er den Feind durch seinen Tod bereits entmachtet hat. Jesus ist der Sieger.

In jedem Kampf wäre es fatal, wenn man sich schutzlos präsentiert. Allein und auf sich gestellt. Dumm eigentlich, dass ich genau das so oft in geistlicher Hinsicht tue. Indem ich mich nicht dem Gebet widme, sondern so vieles erst mal allein versuche. Und mich dann wundere, warum ich wieder einmal gefallen bin und versagt habe.

Wir müssen lernen, uns ins Gebet zu stürzen, als wenn es um Leben und Tod geht. Denn das tut es. Wenn wir wirklich sehen würden, was in der geistlichen Welt um uns herum passiert, würden wir von unseren Knien gar nicht mehr aufstehen. Lasst uns Jesus anflehen, uns zu treuen und hingegebenen Beterinnen zu machen! Denn ohne Gebet sind wir den Angriffen des Feindes hilflos ausgeliefert. Das müssen wir uns immer wieder vor Augen führen.

Was für ein Geschenk, dass ich die Braut des Siegers sein darf. Eigentlich ist es doch nur logisch, dass ich mit allen meinen Sorgen, Herausforderungen, Wünschen und Ängsten zuerst zu ihm komme. Er, der Sieger, verspricht, für mich zu kämpfen. Sich für mich einzusetzen. Was kann mich dann noch niederdrücken, wenn ich ihn an meiner Seite habe und ihm erlaube, im Kampf für mich einzustehen?

BUT FIRST JESUS

*Lasst vielmehr Christus, den Herrn,
die Mitte eures Lebens sein!*
1. Petrus 3,15 (NeÜ)

Mit Begeisterung sind sie bei der Arbeit. Jeder macht das, was er besonders gut kann. Ein Hämmern hier. Ein Klopfen da. Millimetergenaue Schnitzarbeiten. Weben und Nähen. Ein kunterbuntes Werkeln mit fröhlicher Stimmung. Denn jeder weiß: Hier geht es um etwas ganz Besonderes.

Das Volk Israel arbeitet daran, die Stiftshütte zu bauen. Während seiner Reise durch die Wüste erhält es von Gott diesen Auftrag. Die Stiftshütte war der „Vorläufer" des Tempels. Sie bedeutete die Gegenwart Gottes. Und er ordnete an, dass sie in der Mitte von allen anderen Zelten der Israeliten stehen sollte. Gott wollte in ihrer Mitte wohnen. Er wollte das Zentrum sein. Was für ein wunderbares Bild: ein Meer von Zelten und in ihrer Mitte das Zelt Gottes. Er ist das Zentrum. Der, um den alles andere herum gebaut wird.

Dieses Prinzip bleibt aber kein alttestamentliches allein. Der Apostel Petrus ermutigt auch uns, Jesus zum Zentrum unseres Lebens zu machen. Und alles andere um ihn herum zu bauen. Hört sich zunächst etwas abstrakt an. Das stimmt. Aber es ist ein wunderbarer Weg der Lebensorganisation. Ein Prinzip, das uns total hilft, wenn es darum geht, unser Leben gut und weise zu führen.

So oft frage ich mich, wie ich bloß alles, was meinen Tag ausmacht, in 24 Stunden quetschen kann. Mein Leben ist voll von so vielen Dingen. Wichtigen, aber ehrlich gesagt auch vielen weniger wichtigen. Schnell bin ich erschlagen von so viel Aktivität.

Und vielleicht kennst auch du diese häufig gestellte Frage: Wie finde ich in all diesem Trubel überhaupt Zeit für Jesus? Wann um alles in der Welt soll ich Zeit fürs Bibellesen haben? Oder fürs Beten? Eigentlich würde ich ja gerne mein Gebetsleben etwas auf Vordermann bringen. Aber wann? Und an wirkliches Auswendiglernen oder Studieren der Bibel mag ich schon gar nicht denken. Wie utopisch ist das denn? Kennst du das auch?

Ich glaube, das Problem bei diesen ganzen Fragen ist der falsche Ansatz. Jesus ist nicht die Mitte meines Lebens, wenn ich so frage. Mein Leben ist vollgestopft mit allem möglichen Kram und dann versuche ich, die Zeit mit ihm noch irgendwo reinzuquetschen. Das Ende von diesem Lied ist das konstante Gefühl, keine Zeit für Jesus zu haben. Gepaart mit dem schlechten Gewissen für diesen Zustand. Nichts Schönes.

Und genau an diesem Punkt ist die Ermutigung: „Lass Jesus die Mitte deines Lebens sein!" ein wahrer Goldschatz. Anstatt zu versuchen, Jesus irgendwie in unsere sowieso schon platzenden Terminkalender zu quetschen, drehen wir den Spieß um. Zuerst kommt er. Bei ihm wird angefangen.

Praktisch sieht das so aus: Ich überlege mir zuallererst, wann eine gute Zeit für unsere gemeinsame Beziehungspflege ist. Und dann reserviere ich diese Time Spots für meinen Bräutigam. Andere weniger wichtige Termine müssen dann auf die Quetschposition rücken. Aber nicht Jesus. Bei ihm will ich anfangen. Er soll das Zentrum sein. Und das nicht aus Zwang. Sondern aus Liebe. Weil ich unsere Beziehung und die gemeinsame Zeit mit ihm so genieße.

Klar kann ich jetzt nicht anfangen, meine Arbeitszeiten zu canceln oder meinen kleinen Kindern zu verkünden, dass sie sich bitte selbst ins Bett legen sollen, weil ich genau jetzt gerne beten möchte. Natürlich haben wir Verpflichtungen, die wir einhalten müssen und um die wir nicht herumkommen. Und um diese Verantwortungen geht es auch gar nicht.

Eigentlich geht es hier um unsere freie Zeit. Die Zeit, die wir selbst verplanen dürfen. Die Zeit, in die wir Arzttermine und Ehrenämter legen. In der wir Freunde besuchen und Familienzeit genießen. In der wir ins Kino und Kaffee trinken gehen. Fange ich hier bei Jesus an? Oder kommt er erst an die Reihe, wenn alle anderen Termine schon stehen? Wenn mein Kalender überquillt von Zahnarzttermin Dr. Meier, Squashen mit Verena und Eisessen mit Hannah?

Mir ist mehr als klar, dass sich das ganze Lied einfacher schreiben lässt als singen. Hört sich vielleicht alles logisch und easy an, aber danach zu leben ist definitiv eine andere Hausnummer. Das kenne ich selber nur zu gut. Ich bin recht gut darin, mir zu viel aufzuhalsen und dann nachher nach Luft zu schnappen.

Aber ich merke auch, wie wohltuend es ist, wenn ich der wichtigsten Beziehung in meinem Leben auch Priorität einräume. Wenn sie an erster Stelle kommt und nicht an vorletzter. Die Freude und Erfüllung eines Lebens, in dem Jesus die Mitte ist, ist es wert. So schwer es mir manchmal fällt, auf Aktivitäten zu verzichten, weil sie nicht mehr reinpassen: Besser *sie* fallen aus als meine Jesus-Dates.

Nichts geht über Zeit mit Jesus. Hast du diese Freude und Erfüllung auch schon selbst erlebt? Es gibt wirklich nichts Besseres ...

> **HÖR AUF DAMIT, *Christus* IN DEIN LEBEN ZU QUETSCHEN, SONDERN BAUE DEIN LEBEN UM IHN HERUM.**
>
> — LESLIE LUDY

ANDERE SEHEN

Geliebt, um zu lieben

LEBENSABENTEUER

Meine liebste Braut!

Nichts ist spannender als ein Leben an meiner Seite. Ich habe große Pläne für dich. Und du wirst staunen, wie sich dein Lebensweg formiert. An vielen Stationen deines Lebens wirst du dich fragen, wie du dort ankommen konntest, und begeistert sein über den Weg, den ich dich führen werde. Lass dich überraschen, wie reich und erfüllt das Leben meiner Braut ist …

Dein Bräutigam Jesus

SEIN ZU SEIN

Gott hat euch freigekauft, damit ihr ihm gehört.
1. Korinther 6,20 (Hfa)

Es ist so kalt. Ich zittere am ganzen Körper. Ich versuche, die Fetzen, die einmal meine Kleidung gewesen sind, enger um meinen Körper zu schlingen. Ich habe Angst. Todesangst. Ich weiß, dass es nur noch eine Frage der Zeit ist, bis ich dran bin. Bis sich die Gitter öffnen und ich zu meinem letzten Gang geführt werde.

Bei diesem Gedanken zucke ich zusammen. Könnte verzweifeln. Ich schreie in Panik um Hilfe: „Wer kann mich retten? Ich bin so verloren." Meine Stimme schallt schrill durch die kalte Dunkelheit. Ich erschaudere. Bin so allein. Mir bleibt nichts, als auf mein gerechtes Urteil zu warten.

Ja, ich habe es verdient zu sterben. Das weiß ich genau. All meine Schuld steht mir schmerzlich vor Augen. Und genauso die düstere Tatsache, dass ich sie nicht bezahlen kann. Ich werde dafür sterben müssen. Tränen der Angst und Verzweiflung wollen erneut in mir hochkriechen.

Doch was ist das? Erschrocken blicke ich auf. Raue Stimmen. Schwere Schritte. Ich schließe meine Augen. Jetzt ist es so weit. Quietschend wird meine Tür aufgeschlossen. Ich wappne mich für die brutalen Handgriffe, die gleich auf mich warten werden. Sie bringen niemanden zimperlich diesen eisigen Gang entlang.

Aber ... niemals im Traum wäre ich auf das vorbereitet gewesen, was jetzt folgt. Starke, warme Hände berühren sanft die meinen. Habe ich schon jemals so eine Berührung gespürt? Ich öffne verblüfft meine Augen und blicke die verkörperte Liebe an. Ich traue meinen Augen nicht. Was passiert hier? Ich dachte, ich sei die Nächste ...

„Du bist frei!", höre ich die schönste Stimme sagen, die ich jemals gehört habe. *Frei?* Das kann doch nicht wirklich passieren! Was ist mit meiner Schuld? Ich verstehe nicht. „Deine Schuld ist bezahlt. Von mir. Ich habe dich freigekauft", höre ich meinen Retter weiter erklären. Behutsam zieht er mich an sich. Und mit festem Blick verkündet er den Männern hinter ihm sicher und bestimmt: „Sie gehört mir! Ich habe für sie bezahlt. Sie ist mein." Ich sehe noch die zähneknirschenden und verbissenen Gesichter um mich herum, während ich von meinem Befreier von diesem schrecklichen Ort weggeführt werde ...

Er hat mich freigekauft. Jesus hat für mich bezahlt. Das ist die schönste Botschaft, die die Welt je gehört hat. Ich gehöre ihm. Bin seine Geliebte. Seine Braut. Das scheint zu schön, um wahr zu sein. Und doch darf ich diese tiefe Wahrheit auf mich wirken lassen. Jesus hat mich gerettet. Aus der Einsamkeit. Der Dunkelheit. Der Verzweiflung. Der Angst.

Wenn ich erkauft bin durch sein Blut – heißt das nicht auch, dass ich nicht mehr mir selbst gehöre? Wobei: Ich habe schon lange nicht mehr mir selbst gehört. Ich war eine Sklavin. Eine Sklavin der Sünde. Der Feind Gottes bestimmte über mich und mein Leben. Nein, wirklich frei bin ich nie gewesen. Doch jetzt wurde ich erkauft. Jemand bezahlte meinen Kaufpreis. Damit gehöre ich ihm. Ich gehöre Jesus. Wie gut, dass er der beste Herr ist, den man sich nur wünschen kann. Dass er mich Sklavin nimmt und zu seiner Braut macht, trotz meiner zweifelhaften Herkunft. Ich kann nur immer wieder staunen.

Dass ich jetzt sein bin, klingt irgendwie seltsam und gewöhnungsbedürftig in meinen Ohren. Ich gehöre nicht mir. Und damit geht es auch nicht mehr um mich. Obwohl ... ging es jemals um mich? Ich fürchte, ich habe mir oft genug gewünscht, dass sich die Welt ganz um mich dreht. Aber die Wahrheit ist eine andere. Auch wenn keiner das gerne hört.

Geht es dir auch so? Klar, ich weiß. Niemand gibt so etwas gerne zu. Mit unseren Worten bekennen wir ohne zu zögern, dass wir nicht so wichtig sind. Dass uns andere mehr am Herzen liegen. Aber was ist mit unserem Herzen? Was denken wir wirklich? Ich glaube, wenn wir ehrlich sind, dann müssen wir zugeben, dass wir alle ziemliche Egoisten sind. Autsch! Das tut weh! Stimmt. Angenehm ist diese Art von Gedanken nicht. Aber sie sind heilsam. Für andere. Aber in allererster Linie für uns.

Bitte verstehe mich nicht falsch: Es geht mir hier nicht darum zu sagen, dass wir alle nie wieder an uns denken dürfen. Denn das wäre falsch. Es ist richtig und gut, dass wir für uns sorgen und auch Achtung vor unserem eigenen Körper, unseren Gefühlen und Bedürfnissen haben. Wir sind von Gott erschaffen. Und alles, was Gott erschaffen hat, ist sehr gut.

Wir dürfen uns als geliebte Geschöpfe Gottes annehmen, die wertvoll und wichtig sind. So wertvoll, dass Jesus bereit war, den höchsten Preis zu bezahlen, den es zu bezahlen gab. Sein eigenes Blut. Aber trotz alledem sollten wir uns mit der Wahrheit anfreunden, dass es nicht ständig um uns geht. Aber um wen geht es dann?

Es geht um Jesus. Er ist der Mittelpunkt und das Zentrum von allem. Er ist mächtig. Heilig. Würdig. Er ist stärker und größer als alle unsere Vorstellung. Es geht um ihn. Die Weltgeschichte und das Universum drehen sich um ihn. Und da er vollkommen gut und wundervoll ist, können wir nur staunen, was für eine Schönheit er in diese Welt bringt. Er macht alles gut. Und seine Gegenwart erfüllt alles mit Glanz. Was trostlos ist, wird durch ihn mit Hoffnung gefüllt. Wo Dunkelheit herrscht, erhellt er alles mit seinem Licht. Es gibt nichts Besseres, als in seiner Nähe zu sein und von seiner Schönheit angestrahlt zu werden. Das ist der beste Platz.

Und für genau diesen besten Platz wurden wir geschaffen. Wir sind dafür geschaffen worden, uns um Jesus zu drehen. Wir sind als sein Gegenüber gemacht worden. Darin liegt unsere Bestimmung. Wir dürfen den schönsten aller Plätze einnehmen. Den Ehrenplatz an seiner Seite. Als seine Braut. Das ist unser Lebenssinn.

Aus diesem Grund kann ich nur ein erfülltes Leben finden, wenn ich meinen Lebensplatz einnehme. Wenn ich aufhöre, mich in den Mittelpunkt zu stellen. Und damit beginne, zu ihm zu kommen. Mich ihm ganz hinzugeben. In seine wundervolle Gegenwart zu treten. Denn das ist mein Platz.

Was für ein Wunder. Ihm gehöre ich. Und sein zu sein ist das Beste, was mir passieren kann.

> **WIR KÖNNEN GOTTES LIEBE NUR DANN RECHT ERFASSEN, WENN WIR JESUS CHRISTUS DEN HERRN UNSERES LEBENS SEIN LASSEN.**
>
> JAKOB ABRELL

Beschenkt

*Bei jedem zeigt sich das Wirken des Geistes
auf eine andere Weise, aber immer geht es
um den Nutzen der ganzen Gemeinde.*
1. Korinther 12,7 (NGÜ)

Meine liebe Braut!

Ich habe dich beschenkt. Beschenkt, damit du andere beschenken kannst. Du bist begabt. Reich talentiert. Ich habe dich mit deinen Fähigkeiten ausgestattet, damit du anderen damit dienen kannst. Das ist dein wunderbarer Auftrag in dieser Welt.

Ich habe dich beschenkt. Beschenkt mit einer wundervollen neuen Identität. Denn um anderen dienen zu können, ist es wichtig, dass du tief verinnerlicht hast, wer du bist. Du bist meine Braut. Von mir über alles geliebt. Ich habe alles gegeben, um mit dir zusammen sein zu können. Es ist der erste Schritt für dich zu erkennen und zu wissen, wer du durch mich geworden bist. Meine Braut. Aber der zweite Schritt muss folgen. Es ist nicht deine Bestimmung, nur über deine Identität als meine Braut nachzudenken. Das ist der Beginn. Das ist der Startschuss. Das Wissen darum bildet die Grundlage, um deiner eigentlichen Aufgabe hier nachzukommen. Und ich sage dir: Du wirst begeistert sein von dieser Aufgabe.

Ich habe dich beschenkt. Beschenkt, damit du aus deiner Fülle weiterschenken kannst. Alle deine Vorlieben und Begabungen sind kein Zufall. Ich habe diese Geschenke für dich sorgsam ausgewählt. Alles genau so, dass du deinen Platz in der Welt perfekt ausfüllen kannst. Denn ich habe einen perfekten Platz nur für dich. Einen Platz, den ich für dich maßgeschneidert habe. Der genau zu dir und deinen Gaben passt. Nutze deine Talente! Lass dein Potenzial nicht brachliegen! Es wird dich so glücklich machen, wenn du deine Fähigkeiten einsetzt. Du wirst sehen, dass dein Geben dich selbst reich machen wird und du aufblühst wie eine Blume, die ihre Wurzeln in guten Boden streckt.

Ich habe dich beschenkt. Beschenkt mit deiner Einzigartigkeit. Niemand ist wie du. Du bist ein Unikat. Es gibt niemand auf dieser Welt, der genau das kann, was du kannst, und genau deine Vorlieben teilt. Du bist einzigartig von mir ausgerüstet. Du musst dich nicht mit anderen vergleichen, brauchst nicht neidisch auf andere zu schauen. Denk nicht, dass deine Begabungen kleiner oder unwichtiger sind als ihre. Oder dass du gar keine hast. Du hast genau das alles, was du brauchst, um dich mit Freude an meiner Seite für andere stark zu machen. Du darfst selbstbewusst einsetzen, was ich in dich hineingelegt habe. Mach dich nicht selbst klein. Jeder ist ein Glied an meinem Leib. Keiner ist unwichtig. Keiner überflüssig. Es ist richtig, dass jeder anders ist als der andere.

Ich habe dich beschenkt. Beschenkt mit einem Ort, an dem du selber auftanken und gleichzeitig helfen kannst, dass andere auftanken können. Einem Ort, an dem du zu Hause sein kannst. Meine Gemeinde. Ich liebe meine Gemeinde von ganzem Herzen. Und wünsche mir sehr, dass auch du ihre Schönheit verstehen lernst. Gemeinde ist kein Gebäude. Gemeinde ist auch keine Organisation. Nein, Gemeinde, das sind Menschen, die zu mir gehören und mir nachfolgen. Ich will keine Einzelgänger, sondern eine Gemeinschaft von Menschen haben, die meine Braut sind. Und diese Gemeinschaft, diese Auserwählten, sind meine Braut. Die Gemeinde ist wunderschön, weil mein Geist dort weht. Jeder Einzelne ist erfüllt von mir und meine Schönheit ist in jedem sichtbar. So wie auch in dir.

Ich habe dich beschenkt. Beschenkt, damit du meine Gemeinde noch reicher machen kannst. Meine Braut soll noch schöner werden, reiner werden, makelloser, liebevoller, leidenschaftlicher, erfüllt von Liebe zu mir. Unsere Liebe zueinander soll rein und schön sein. Wenn du deine Gaben zurückhältst und sie nicht dort mit hineinnimmst, entsteht ein Mangel. Lass nicht zu, dass es meiner Gemeinde an etwas mangelt! Ich habe dir deine Begabungen gegeben, damit du sie genau dort in der Gemeinde einsetzen kannst. Damit ihre Schönheit erstrahlt. Und du Freude erlebst. Bitte verpasse diese Chance nicht.

Ich habe dich beschenkt. Beschenkt mit meiner bedingungslosen Liebe. Du musst dir meine Liebe nicht erarbeiten. Du bist von mir geliebt ohne Leistung. Bei mir darfst du einfach nur sein. Dein Einsatz für andere ist ein Geschenk. Ein Geschenk von dir für andere. Aber vor allem mein Geschenk an dich. Denn ich weiß, dass es dir guttut, wenn du anderen etwas geben kannst. Deine Gaben für sie einsetzt. Dadurch lebst du ein erfülltes Leben. Und das ist etwas, mit dem ich dich gerne beschenken möchte. Denn das Leben als meine Braut ist erfüllend, reich und voller Freude.

Von Herzen

dein Bräutigam

THIS LITTLE LIGHT OF MINE ...

„Ihr seid das Licht der Welt.
Eine Stadt, die auf einem Berg liegt,
kann nicht verborgen bleiben. Auch zündet niemand
eine Lampe an und stellt sie dann unter ein Gefäß.
Im Gegenteil: Man stellt sie auf den Lampenständer,
damit sie allen im Haus Licht gibt."
Matthäus 5,14-15 (NGÜ)

Große dunkle Knopfaugen schauen mich an. Ich bin hin und weg. Das ist echt die geballte Ladung an Süßheit. Gott, du hast diese Kinder wirklich so was von goldig gemacht! Ein Lächeln macht sich auf meinem Gesicht breit. Ich könnte diese Zuckermäuse direkt einpacken und mit nach Hause nehmen. Weg von diesem Ort.

Bei dem Gedanken ziehen sofort dunkle Wolken in mein Herz ein. Wie schrecklich, dass so wunderbare Geschöpfe hier aufwachsen müssen. Ein Schauder läuft mir über den Rücken. Ich bin nur für ein paar Monate hier. Danach fliege ich zurück in meine Wohlfühlwelt. Aber sie? Was ist mit ihnen? Sie werden auch dann noch hier leben müssen. In Angst und Mangel. Einer Welt voller Gefahren, Trostlosigkeit und Lieblosigkeit. Ich bin tief bewegt. Möchte so viel Liebe wie möglich hierlassen. Trotzdem kommt es mir vor wie ein Tropfen auf den heißen Stein.

Es waren ganz besondere Monate meines Lebens. Monate, die mich verändert haben. Meine Perspektive ist nicht mehr dieselbe. Wie könnte ich auch dieselbe bleiben, nachdem ich so viel Leid gesehen habe. Ein Auslandseinsatz verändert einen. Es gibt wahrscheinlich kaum etwas, das einem so die Augen öffnet.

Aber egal ob wir einmal um den Globus fliegen oder nicht: Leid gibt es überall. Wir sind umgeben von Kranken, Schwachen, Zerbrochenen, Verzweifelten und Armen. Egal ob alt oder jung. So viele sind am Leiden. Die Fülle dieser zerbrochenen Welt kann einen erschlagen. Das Gefühl, eigentlich doch nichts bewirken zu können, macht sich schnell breit. Die Dunkelheit will einen einlullen.

Ist es nicht unglaublich, dass Jesus selbst uns erklärt, dass wir das Licht der Welt sind? Wir sollen die Dunkelheit um uns herum erleuchten. Wir brauchen kein Licht an hellen Orten. Wir brauchen Licht da, wo es dunkel ist. Und genau dahin sendet unser Bräutigam uns. Und er geht mit uns. Wir sollen leuchten. Wie er leuchtet. Er erfüllt uns mit seinem Licht und dadurch werden auch wir zu Licht in der Dunkelheit. Er macht uns sich ähnlich. Jesus selbst sagt:

> „ICH BIN DAS LICHT DER WELT.
> WER MIR NACHFOLGT,
> WIRD NICHT MEHR
> IN DER FINSTERNIS UMHERIRREN,
> SONDERN WIRD DAS LICHT DES LEBENS HABEN."
>
> *Johannes 8,12 (NGÜ)*

Wenn wir Jesus nachfolgen, der das wahre Licht der Welt ist, dann werden auch wir das Licht haben, das zum Leben führt. Krass, oder? Wir sind erfüllt von ihm. Und deshalb können wir auch mit demselben Licht scheinen. Wir dürfen anderen leuchten, damit sie den Weg erkennen können, der zum Leben führt. Zum ewigen Leben. In seiner Nähe.

Unser Bräutigam schickt uns mitten in die Dunkelheit dieser Welt, damit sie erleuchtet wird mit seinem Licht der Errettung. Er gibt uns die Aufgabe, uns für Schwache einzusetzen. Kranken beizustehen. Verzweifelten Trost zu spenden. Hoffnung zu geben. Von ihm zu erzählen.

Nehmen wir die Aufgabe wahr? Oder wird uns das zu ungemütlich? Ich meine, wer geht schon gerne freiwillig in die Dunkelheit und Kälte dieser Welt? Wollen wir nicht alle am liebsten unsere Augen davor verschließen?

Wenn ich ehrlich bin: Mir geht es oft so. Es ist ja auch so viel gemütlicher auf dem Sofa. Und unsere hübschen Wohnungen oder Häuschen sind so viel einladender. Will ich da wirklich raus? Dorthin, wo ich herausgefordert werde? Erschreckt werde? Dorthin, wo alles so schwierig ist?

Eigentlich will ich nicht. Aber ich spüre, wie ich innerlich gezogen werde. Mein Bräutigam ist dort. Er ist immer bei den Elenden. Da, wo niemand hinwill. Da, wo der Schrecken am größten ist. Er ist dort. Und es ist mein Verlangen, bei ihm zu sein. In seiner Nähe. An seiner Seite. Wie kann ich es dann über mich bringen, nicht auch dorthin zu gehen, wo er ist? Und Liebe zu verschenken, wie er es tut. Für Benachteiligte kämpfen, wie er es tut.

Sein Herz bricht, wenn er das Elend der Welt sieht. Wie kann ich mein Herz dann nicht auch zerbrechen lassen?

> SEI DIE ART VON FRAU,
> ÜBER DIE DER TEUFEL SAGT,
> WENN IHRE FÜSSE AM MORGEN
> DEN BODEN BERÜHREN:
> *„O nein! Sie ist wach!"*
>
> JOANNE CLANCY

Stell mich doch auf die Probe!

*„Bringt den kompletten zehnten Teil eurer Ernte
ins Vorratshaus, damit es in meinem Tempel
genügend Nahrung gibt. Stellt mich doch
damit auf die Probe", spricht der allmächtige Herr,
„ob ich nicht die Fenster des Himmels für euch öffnen
und euch mit unzähligen Segnungen überschütten werde!"*
Maleachi 3,10 (NL)

Meine Liebe,

heute möchte ich dir von einer anderen ganz besonderen Sache erzählen. Wusstest du, dass du mich auf die Probe stellen darfst? Es sogar sollst? Ja, ich weiß. Normalerweise gehört das „Auf-die-Probe-Stellen" nicht in eine liebevolle Beziehung. Aber in dieser Sache wünsche ich es mir von dir. Weil ich mir wünsche, dass du lernst, mir zu vertrauen. Und dieses Vertrauen zu mir bekommst du, wenn du erlebst, wie ich mein Wort halte. Wenn du siehst, wie ich dich halte und nicht fallen lasse.

Ich wünsche mir, dass du lernst, mir dein Geld anzuvertrauen. Indem du mir ein Zehntel deines Besitzes anvertraust, wirst du meinen Segen über deinem Leben erleben. Du denkst zuerst, du würdest etwas verlieren. Dabei mache ich dich dadurch wirklich reich. Du kannst mir vertrauen. Ich werde dich nie hängen lassen. Denn du bist mein Kind. Und ich werde dich versorgen.

Geld kann dein Vertrauen zu mir hindern. Wenn du viel hast, bist du schnell versucht, mehr auf das zu vertrauen, was du auf deinem Konto hast, als auf mich. Du bist nicht gezwungen, mir zu vertrauen, weil es so scheint, als würdest du auch gut ohne mich klarkommen. Allerdings ist das ein Schein, der trügt. Du kannst auf deinen Besitz nicht vertrauen. Er kann schneller verfliegen, als du ihm hinterhergucken kannst.

Dein Geld gehört mir, nicht dir. War dir das eigentlich klar? Alles Geld der Welt zählt zu meinem Besitz. Wenn du mir dein Geld gibst, dann gibst du mir eigentlich nur das zurück, was mir gehört. Und nichts, was dir jemals wirklich gehört hat. Alles, was du hast, ist dir nur anvertraut. Es ist geliehen.

Dieses Geld ist dir für einen Zweck gegeben. Und dieser Zweck macht dich reich und glücklich. So viel glücklicher, als wenn du alles nur für dich selbst investierst. Du darfst andere beschenken. So wie ich dich beschenke.

Ich habe dich hier auf dieser Erde mit materiellen Gütern wirklich überreich beschenkt. Ist dir klar, wie wenig die meisten der anderen Menschen haben? Hast du eine Vorstellung davon, wie sie leben? Mit wie viel Mangel sie zurechtkommen müssen? Ich habe dich mit so viel mehr ausgestattet, damit du die versorgst, die Mangel leiden. Damit du das, was du hast, mit ihnen teilst.

Und damit hast du ein großes Privileg geschenkt bekommen. Ich habe dich in eine Position gesetzt, die es dir ermöglicht, ein Segensspender zu sein. Du hast die Möglichkeit, traurige Augen zum Strahlen zu bringen. Hoffnungslosen Hoffnung zu schenken. Geben zu können ist ein großes Geschenk. Geben bringt Freude. Geben ist seliger als nehmen (Apostelgeschichte 20,35). Sei niemals sparsam mit deiner Großherzigkeit! Du würdest dich selber um ein segensreiches Leben bringen.

Stell mich doch auf die Probe! Und lass dich überraschen, wie überreich ich dein Leben mache, wenn du mir mit deinem Besitz vertraust.

In Liebe

dein Versorger

Der ist kein Narr, der hingibt, was er nicht behalten kann, damit er gewinnt, was er nicht verlieren kann. Vater, lass mich schwach sein, auf dass ich die Kraft verliere zum Umklammern von weltlichen Dingen. Mein Leben, mein Ansehen, mein Besitz – Herr, nimm von mir die Neigung meiner Hand zum Ergreifen und Festhalten.

JIM ELLIOT

VON NORMALOS UND SUPERHELDEN

Doch der Herr hat zu mir gesagt:
„Meine Gnade ist alles, was du brauchst,
denn meine Kraft kommt gerade in der Schwachheit
zur vollen Auswirkung." Daher will ich nun
mit größter Freude und mehr als alles andere
meine Schwachheiten rühmen, weil dann die Kraft
von Christus in mir wohnt. Ja, ich kann es
von ganzem Herzen akzeptieren,
dass ich wegen Christus mit Schwachheiten leben
und Misshandlungen, Nöte, Verfolgungen
und Bedrängnisse ertragen muss.
Denn gerade dann, wenn ich schwach bin,
bin ich stark.
2. Korinther 12,9-10 (NGÜ)

Gefesselt vor Spannung blättere ich weiter. Gierig danach, die nächsten Buchstaben zu verschlingen. Ich verfolge die Lebensgeschichte dieser bemerkenswerten Frau und bin fasziniert. Fasziniert davon, wie sie Jesus gedient hat. Wie sie bereit war, alles für ihn aufzugeben. Und wie durch ihren aufopferungsvollen Lebensstil so viele Menschen gesegnet wurden.

Ich lese von einer Frau, die mehr an andere dachte als an sich selbst. Die mehr auf die Nöte anderer einging, als auf ihre eigenen Wünsche. Ich bin baff, von so einem Leben zu lesen. Und spüre, wie der Wunsch in mir größer und größer wird: Das will ich auch. Ich will kein Nullachtfünfzehnleben leben. Ich möchte ein Leben leben, das wirklich zählt. Das hier auf der Erde Hoffnung und Liebe verbreitet. Und das bei ihm in der Ewigkeit Wert hat. Ich möchte so leben, dass es meinen Bräutigam ehrt.

Voller Motivation klappe ich das Buch zu und starte in meinen Tag. Mit einem seligen Lächeln im Gesicht fange ich an, mir meinen morgendlichen Kaffee zu machen. Allerdings verfliegt mein holdes Lächeln blitzartig, als ich in die Schublade schaue. Das Kaffeepulver ist alle. Das gibt's doch gar nicht! Ich hatte meinem Mann doch gestern noch ausdrücklich gesagt, er solle bitte noch Kaffee kaufen. Und was ist jetzt? Kein Kaffee da! Ganz toll. Ein Morgen ohne Kaffee = ein schlechter Morgen.

Ich gehe weiter zum Schrank, um die Brotdosen für die Kinder zu holen. Diesmal ohne Lächeln und heilige Gedanken. Und was erwartet mich hier? Das wird ja immer besser. Jetzt fehlt auch noch eine der Dosen. Ich spüre, wie ich immer genervter werde. Bestimmt hat mein Sohn wieder vergessen, die Dose aus seinem Ranzen zu holen, damit ich sie spülen kann. (Okay, ich hab gestern ehrlich gesagt auch vergessen, ihn danach zu fragen ... aber egal. Sie ist nicht hier. Und wahrscheinlich immer noch dreckig. Suuupiii!).

Als mein Mann und meine Kinder die Küche betreten, hören sie nicht gerade die liebevollsten Worte. Sie erdulden stattdessen eine genervte Frau und Mama und sind froh, als sie das Haus verlassen können. Es wird ruhiger. Die beiden Kleinen spielen im Nebenzimmer. Auch ich komme zur Ruhe. Und ins Nachdenken. Erinnere mich an das, was ich heute Morgen noch gelesen hatte. Und an meinen Wunsch, auch selbstlos und liebevoll für andere zu sorgen. Ein Kloß bildet sich in meinem Hals. Das hab ich ja mal brillant hinbekommen. Eine Träne bahnt sich ihren Weg über mein Gesicht. Ich bin keine Glaubenssuperheldin.

Eine bohrende Frage nagt an mir: Kann Gott jemanden wie mich überhaupt gebrauchen? Jemanden wie mich. Jemand, der zickig wird, wenn das Kaffeepulver alle ist und die Brotdose noch ungespült im Schulranzen wartet. Wenn ich bei solchen Kleinigkeiten schon meine Liebenswürdigkeit verliere, wie kann Gott mich dann für größere Dinge gebrauchen? Wahrscheinlich gar nicht. Oder doch?

Ich muss unweigerlich an David denken. Gott selbst sagt von ihm, dass er ein Mann nach seinem Herzen war. Was für eine wundervolle Bezeichnung. Ich wünsche mir nichts mehr. Wenn Gott doch nur von mir sagen könnte: „Sie ist eine Frau nach meinem Herzen." Zu schön, um wahr zu sein, oder?

Zurück zu David. Gott bezeichnet ihn also als Mann nach seinem Herzen. Aber wenn ich mir Davids Leben so anschaue ... Die Bibel beschönigt ja nichts: Er war ein Mörder und ein Ehebrecher. Das sind keine Kleinigkeiten. Und trotzdem ein Mann nach Gottes Herzen?

Ich denke weiter über die Menschen nach, von denen wir in der Bibel lesen können. Paulus. Auch ein wunderbarer Mann des Glaubens. Einer, durch den Gott mächtig gewirkt hat. Aber seine Vergangenheit ist nicht gerade lupenrein: Er hat systematisch Christen verfolgt und ließ sie gefangen nehmen. Er wollte die Gemeinde ausrotten. Petrus. Ein Mann, der mit dem Schwert um sich geschlagen hat. Und der Jesus verleugnet hat.

Die Liste könnte weiter und weiter gehen: Angsthasen, Lügner, Ehebrecher, Depressive, Mörder. Und ich fange an zu verstehen: Ich muss nicht perfekt sein, um Jesus dienen zu können. Er wirkt durch unperfekte Menschen mit seinem perfekten Wesen. Sein Maßstab scheint so ganz anders zu sein als unser menschliches Denken. Er erwählt die Kleinen, Schwachen, Unbedeutenden und Verstoßenen. Unglaublich!

Warum tut Gott so etwas? Da fällt mir ein Kinderlied ein. Das Lieblingslied, das ich als Kind so gerne gesungen habe: „Weil er die kleinen Dinge liebt, weiß ich, er liebt auch mich!" Er ist ein liebender Vater, der sich mit Begeisterung für alles Kleine und Schwache einsetzt. Also auch für jemanden wie mich. Er ist ein starker Gott, der es liebt, uns schwachen Menschen zu zeigen, was möglich ist, wenn wir ihm erlauben, in unserem Leben zu wirken. Der uns mit seiner Macht zum Staunen bringt. Und dabei zeigt: Er ist der Wirkende und nicht der Mensch.

Am nächsten Morgen lese ich wieder in meinem Buch. Und stutze. Bin überrascht, was ich noch von dieser Frau erfahre.

Das hätte ich gar nicht gedacht: Meine Glaubensheldin hat auch ihre Ecken und Kanten. Ein Geduldsengel schien sie nicht gewesen zu sein. Dass sie in so einer Situation doch so harsch reagiert hat. Und mir wird klar: Jeder ist nur ein Mensch.

Irgendwie huscht ein Lächeln über mein Gesicht. Und ein Gefühl der Erleichterung macht sich breit. Ja, Gott wirkt wunderbare Dinge durch Menschen mit Ecken und Kanten. Er hat kein Problem damit, durch Normalos die Welt zu verändern, wenn wir uns ihm zur Verfügung stellen.

» MOTIVATIONSBOOSTER «

*Halte am Glauben fest, so wie du ihn kennengelernt hast.
Von seiner Wahrheit bist du ja überzeugt.
Schließlich weißt du genau,
wer deine Lehrer waren.*
2. Timotheus 3,14 (Hfa)

Kennst du das Gefühl, von Aufgaben überwältigt zu sein? Du stehst vor einem Berg und weißt nicht, wo und wie du beginnen sollst, um ihn zu erklimmen. Dein Blick wandert nach oben zum Gipfel und deine Knie werden schon beim Gedanken an den Aufstieg weich und wackelig.

So kann es uns schnell gehen, wenn wir an den wichtigen Auftrag denken, den wir als Braut Jesu erhalten haben. Die Bibel fordert uns dazu auf, anderen Menschen zu dienen, ihnen zu helfen und sie zu lieben. Aber was heißt das konkret? Wozu hat Gott mich berufen? Und kann ich das mit meiner kleinen Kraft überhaupt schaffen, was er mir aufgetragen hat?

Weißt du, was mir unheimlich hilft? Mir die Menschen anzuschauen, durch die Gott die Welt verändert hat. Es sind alles ganz normale Menschen. Keine Superüberchristen. Menschen wie du und ich. Aber sie haben Gott erlaubt, in ihnen und durch sie zu wirken. Haben sich ihm zur Verfügung gestellt. Sie haben Dinge nicht aus eigener Kraft bewegt und verändert. Aber mit Jesus an ihrer Seite war alles möglich. Ihre Geschichten sind eine große Motivation für mich, mich Jesus ganz hinzugeben.

Wenn du dich zu gering und unfähig fühlst, um von Gott gebraucht zu werden, dann schau dir die Menschen an, durch die Gott in der Geschichte mächtig gewirkt hat. Du wirst feststellen: Es sind alles normale Menschen wie du und ich, die einen großen Grenzen sprengenden Gott haben.

Hier habe ich dir ein paar von meinen Favoriten aufgelistet.

Vielleicht inspirieren dich ihre Geschichten ja genauso wie mich.

BIBLISCHE BERICHTE

Gottes Wort ist randvoll von Berichten über normale Menschen, die Gott erlaubt haben, in ihrem Leben zu wirken. Was Gott durch sie vollbracht hat, ist unglaublich. Manchmal stempeln wir solche Berichte als Übertreibungen ab, aber was wir über sie lesen, ist wahr. Sie waren keine Superchristen, sondern sind ein Beweis dafür, dass Gottes Kraft in normalen Menschen Wunder vollbringen kann. Diese Menschen können zu unseren Vorbildern werden, wenn wir verstehen, was passiert, wenn Gottes Kraft in einem Menschen sichtbar wird.

Eines dieser Vorbilder ist für mich die Frau, die in der Bibel in Sprüche 31 beschrieben wird. Ob sie wirklich immer alles mit links gemacht hat? Wahrscheinlich gab es auch mal solche Gedanken: „Wie soll ich das denn jetzt bloß auch noch hinbekommen? Noch eine Verantwortung mehr? Also, an Langeweile leide ich bestimmt nicht. Manchmal fühle ich mich eher erdrückt von all meinen To-dos. Ich bin eine Mama. Eine berufstätige Mama. Und nebenbei manage ich noch unseren Maxihaushalt. Ganz schön viel, ja, das stimmt. Oft würde ich mir wünschen, ich hätte weniger Aufgaben in meinem Terminkalender. Aber gerade dann, wenn ich mich so richtig ausgelaugt fühle, spüre ich Gottes Kraft. Fühle, wie er mir wieder Motivation und Freude an meinen Aufgaben gibt. Ich bin immer wieder fasziniert davon, welche Kraft aus der Beziehung zu Gott zu schöpfen ist."

Es gibt noch viele andere biblische Beispiele, die dich inspirieren und ermutigen können:
» Josef (1. Mose 37 ff.)
» Mose (fünf Bücher Mose)

- » David (1. und 2. Samuel, 1. Könige, 1. Chronik, Psalmen)
- » Davids Helden (2. Samuel 23,8-23)
- » Simson (Richter 13–16)
- » Ester (Ester)
- » Maria (Evangelien)
- » Petrus (Evangelien, Apostelgeschichte)
- » Die Glaubenshelden (Hebräer 11)

BIOGRAFIEN

In der Geschichte hat es so viele Menschen gegeben, deren Leben durch und durch von Gottes Wirken geprägt waren. Ihre Hingabe und Liebe zu Jesus waren so groß, dass sie sehr viele Entbehrungen dafür in Kauf genommen haben, ohne darüber zu klagen.

Wenn man sich die Zeit nimmt, durch Biografien ihr Leben kennenzulernen, können auch sie zu großen Vorbildern des Glaubens werden, die uns ermutigen, es ihnen nachzumachen. Natürlich leben wir in einer anderen Zeit und nicht alle Dinge sind eins zu eins übertragbar. Aber wir können viele super Prinzipien entdecken und diese dann in unserem eigenen Leben umsetzen. Diese Menschen motivieren mich echt total. Ich persönlich liebe es, ihre Geschichten zu hören.

Die Irin Amy Carmichael (1867–1951) ist eine von ihnen. Sie war Missionarin in Indien und hat dort ein Waisenhaus gegründet. Wie sie sich wohl gefühlt hat? „Es hat tatsächlich geklappt! Ich kann es kaum glauben. Sie sind hier. Endlich gerettet vor einem Leben in Grausamkeit. Ich spüre, wie diese kleinen Mädchen mir ans Herz wachsen. Ich will für sie sorgen. Wer hätte gedacht, dass ich auf diese Weise doch noch Mama werde? Unglaublich, was Gott alles möglich macht! Wobei … für so viele Kinder zu sorgen wird wirklich eine Herausforderung werden. Wie soll das alles nur gehen? Ich halte mich daran: Gott wird in der Zukunft bestimmt genauso das Unmögliche möglich machen, wie er es in der Vergangenheit auch schon getan hat."

Neugierig geworden? Hier noch ein paar weitere Menschen, deren Biografien mich faszinieren:
» Hudson Taylor („Hudson Taylor. Ein Mann, der Gott vertraute")
» Corrie ten Boom („Die Zuflucht")
» Jackie Pullinger („Licht im Vorhof der Hölle")
» Richard & Sabina Wurmbrand („Ungebrochen – die Kraft der Hoffnung")
» Dietrich Bonhoeffer („Dem Rad in die Speichen fallen", „Brautbriefe Zelle 92")

PUT IT INTO ACTION

Wie wäre es, wenn du dir an deinem nächsten freien Abend mal eine dieser Personen raussuchst und ihre Geschichte nachliest? Einige Berichte über biblische Personen sind megaschnell gelesen und eignen sich auch super für mal eben zwischendurch beim Kaffee in der Mittagspause.

Oder du könntest dir ein neues Buch gönnen und dich mal zum Schmökern aufs Sofa kuscheln. Falls dein Geburtstag oder Weihnachten bald vor der Tür stehen, hättest du auch gleich eine kleine Bücher-Wunschliste parat ... :-)

SEID BESCHEIDEN UND ACHTET DEN ANDEREN MEHR ALS EUCH SELBST. DENKT NICHT AN EUREN EIGENEN VORTEIL. JEDER VON EUCH SOLL *das Wohl des anderen* **IM AUGE HABEN. NEHMT EUCH JESUS CHRISTUS ZUM VORBILD.**

PHILIPPER 2,3-5 (HFA)

Herzschlag

*Meine Freunde, da Gott uns so sehr geliebt hat,
sind auch wir verpflichtet, einander zu lieben.
Gott ist Liebe, und wer sich von der Liebe bestimmen lässt,
lebt in Gott, und Gott lebt in ihm.*
1. Johannes 4,11+16 (NGÜ)

Meine überreich geliebte Braut!

Du glaubst gar nicht, wie wundervoll es für mich ist, dich so zu sehen. Mit einem liebenden Herzen. Einem Herzen, das bereit ist zu geben und sich für andere hinzugeben. Wusstest du, dass du so meinem Herzen am allernächsten bist? Denn auch mein Herz hat sich für andere hingegeben. Indem du mit Liebe nicht zurückhältst, wird dein Herzschlag zu meinem.

Du glaubst gar nicht, wie wundervoll es für mich ist, dich so zu sehen. Denn ein liebendes Herz ist über die Maßen attraktiv und wunderschön. Du kannst dir wahrscheinlich gar nicht vorstellen, wie bezaubernd du aussahst, als du der gestressten Mama angeboten hast, auf ihre Kinder aufzupassen, damit sie sich mal eine kleine Auszeit nehmen kann. Oder wie deine Schönheit gestrahlt hat, als du deiner alten Nachbarin das Laub zusammengekehrt hast. Lieben macht einfach wunderschön.

Du glaubst gar nicht, wie wundervoll es für mich ist, dich so zu sehen. So glücklich und erfüllt. Denn du merkst selber, wie reich ein Leben wird, wenn es für andere gelebt wird. Es ist ein kleines Geheimnis: Wer am meisten schenkt, wird am meisten beschenkt. Wer gibt, wird reich. Wer sät, der erntet. Und die Freude, die aus einem schenkenden Lebensstil quillt, ist unbezahlbar.

Du glaubst gar nicht, wie wundervoll es für mich ist, dich so zu sehen. So befreit und leicht. Geheilt. Denn indem du anderen in ihren Nöten beistehst, werden deine eigenen Nöte kleiner. Indem du dein Herz freigiebig lieben lässt, wird es geheilt. Deine Wunden hören auf zu bluten. Die Schmerzen lassen nach. Es ist heilsam für die eigene Seele, wenn man in andere investiert.

Du glaubst gar nicht, wie wundervoll es für mich ist, dich so zu sehen. Du bist mein Mädchen. Meine Braut. Du eiferst mir nach. Gehst mir hinterher. In meinen Fußstapfen. An meiner Hand. Dein Herzschlag wird zu meinem. Und nichts könnte mich glücklicher machen. Ich liebe dich von ganzem Herzen. Und ich werde dich reich beschenken für deine aufopferungsvolle Liebe.

Dein Bräutigam

VORFREUDE

Ich kann es nicht abwarten!

DAS BESTE KOMMT NOCH

Liebst du es auch, dir das Beste immer bis zum Schluss aufzuheben? Ich hab es mir schon zur Angewohnheit gemacht, als ich noch ein Kind war: der Schokoladenguss auf dem Kuchen, das größte Geschenk, Spielzeit nach den Hausaufgaben ... alles Dinge, die ich erst ganz zum Schluss genießen wollte. Es ist einfach so ein geniales Gefühl, wenn man sich vorfreuen kann. Voller Spannung auf das Wunderbare harrt, das einen noch erwartet.

So toll, dass auch Jesus das Beste für uns aufgehoben hat. Es steht noch vor uns. Unsere Hochzeit. Unsere ewig andauernde Megaparty im Himmel. Es wird das beste Fest, auf dem wir jemals waren. Und wir dürfen jetzt schon voller Spannung und Vorfreude sein. Denn: Das Beste kommt noch.

WIE DER HIRSCH NACH FRISCHEM WASSER LECHZT, SO LECHZT *meine Seele* NACH DIR, O GOTT. MEINE SEELE DÜRSTET NACH GOTT, JA, NACH DEM *lebendigen Gott.* WANN ENDLICH WERDE ICH WIEDER ZUM *Heiligtum* KOMMEN UND DORT VOR GOTTES ANGESICHT STEHEN?

PSALM 42,2-3 (NGÜ)

SCHMETTERLINGSLOOPINGS

*Ich strecke meine Hände zu dir aus,
meine Seele dürstet nach dir
wie dürres Land nach Wasser.*

Psalm 143,6 (NGÜ)

87. Abgehakt. O yeah, wieder ein Tag vorbei. Glücklich betrachte ich die große Zahl in meinem Kalender. Mein Traumdatum rückt näher. Ich spüre, wie die Schmetterlinge in meinem Bauch wieder mit ihren Loopings beginnen. Zugleich frage ich mich: Wie soll ich die restlichen 86 Tage nur rumbekommen? Ich kann meinen großen Tag kaum noch abwarten.

Wie habe ich als Bride-to-be meinen Hochzeitstag ersehnt. Die Minuten, Stunden und Tage konnten nicht schnell genug vergehen. Ich habe sie tatsächlich gezählt. 100 Tage vor dem großen Fest habe ich damit angefangen, meinen Kalender mit einem Hochzeitscountdown zu verzieren. Jeden Tag wurde ich daran erinnert: Ein Tag mehr ist geschafft. Die ersehnte Hochzeit rückt näher.

Ich muss gestehen: Leider ticke ich bei meiner himmlischen Hochzeit ganz anders. Irgendwie fiebere ich nicht so auf dieses Ereignis hin, wie ich es bei meiner Hochzeit hier auf der Erde getan habe. Es ist natürlich eine etwas andere Situation, da unsere Himmelsparty nicht mehr in diesem Leben stattfindet, sondern erst im nächsten.

Aber eine wichtige Parallele gibt es doch, und die hat mit unserer Identität zu tun: Wenn ich weiß, wer ich bin, dann lebe ich entsprechend. Wenn ich in meinem Kalender sehe, dass es noch 39 Tage bis zu meiner Hochzeit sind, dann werde ich mich nicht Chips und Schokolade futternd aufs Sofa legen. Denn dann stehen die Chancen schlecht, dass ich mein Kleid zubekomme. Und wenn ich weiß, dass ich mit diesem einen Mann verlobt bin, dann wird mein Umgang mit allen anderen Männern anders. Weil ich mich für diesen einen entschieden habe und ihm treu sein will. Und weil ich als Braut vor Liebe und Vorfreude fast platze, lasse ich mir nicht so schnell die Laune verderben oder den Mut nehmen.

Das Bewusstsein darüber, wer ich bin, verändert mein Leben. Ich bin eine wartende Braut. Und eine wartende Braut vereint zwei Eigenschaften: Vorbereitung und Vorfreude.

Ich habe mich auf meine Hochzeit mit meinem Mann vorbereitet. Ich habe mich um ein umwerfendes Kleid gekümmert. Um Schuhe, Haarschmuck, Frisur und Make-up. Ich hab mir Gedanken um die Deko gemacht, die Sitzordnung und, und, und ... Ich bin nicht in diesen Tag hineingestolpert, sondern habe ihn mit Begeisterung geplant.

Und ich habe dieses Highlight meines Lebens so sehr herbeigesehnt. Schon Monate vorher habe ich mich so unglaublich auf dieses Fest gefreut. Das Strahlen einer wartenden Braut war in meinen Augen zu lesen.

Leider merke ich immer wieder, dass mir im Trubel des Lebens genau diese zwei markanten Eigenschaften einer wartenden Braut flöten gehen. Ich bin so abgelenkt von den kleinen und großen Anforderungen des Alltags. Beschäftigt mit so vielen Dingen, die zwar nicht falsch, aber auch nicht so wichtig sind. Ehrlich gesagt ist es mir oft gar nicht bewusst, dass ich eine wartende Braut bin, die sich vorbereitet und vorfreuen darf.

Schade eigentlich. Denn wenn man es genau nimmt: Die Hochzeitsparty, die uns im Himmel erwartet, wird besser und wundervoller sein als alles, was wir uns überhaupt vorstellen können. Wenn es irgendetwas gibt, auf das es sich zu freuen lohnt, dann ist es diese Feier. Ich würde mir so sehr wünschen, dass ich mich mit genau so einer Begeisterung auf meine himmlische Hochzeit freuen kann, wie ich mich auf meine irdische gefreut habe.

Klar. Natürlich möchte ich mit beiden Beinen fest auf der Erde stehen und nicht in irgendwelchen rosa Wolken vier Meter über dem Boden schweben. In irgendeiner Form abgehoben (oder abgeschottet) sein ist nicht gut. Und darum geht es hier auch gar nicht. Es geht darum, dass ich nicht vergessen sollte, wer ich bin. Ich bin eine Braut, die vor ihrem Hochzeitstag steht. Und da merke ich einfach immer wieder, dass diese Wahrheit doch noch nicht tief genug in mein Herz gesunken ist. Denn wenn ich wirklich verstanden habe, dass meine Hochzeit vor mir liegt, dann lebe ich anders. Dann verschieben sich Prioritäten. Viele Dinge werden im Licht der Ewigkeit betrachtet so unwichtig. Während andere in diesem hellen Schein über die Maßen an Bedeutung gewinnen.

Geht es dir da auch so wie mir? Vergisst du auch so schnell, wer du eigentlich bist? Und wofür du eigentlich hier auf der Erde bist? Für wen du lebst? Was kann man da tun?

Mir hilft es, mich immer wieder bewusst daran zu erinnern. Ich bin die wartende Braut. Schon hübsch angezogen stehe ich vor der Kirche und weiß: Gleich gehen die Türen auf. Und da steht mein geliebter Bräutigam. Er sieht mich mit Liebe, Hingabe und Sehnsucht an. Und während ich auf ihn zuschreite, können wir beide es kaum abwarten, endlich für immer zueinanderzugehören und beieinander zu sein.

Du darfst dich schon jetzt von ganzem Herzen auf diesen wundervollen Moment deiner himmlischen Hochzeit freuen. Dieses Traumevent liegt noch vor dir. Es macht so Spaß, sich auf eine Hochzeit vorzubereiten und voller Freude darauf zu warten. Bis der große Tag kommt, darfst du diese besondere Hochzeitsvorbereitungszeit genießen – trotz mancher Entbehrungen oder Krisen. Denn du bist seine wunderschöne wartende Braut.

DIE SCHLUMMERTASTE

*„Deshalb schlaft nicht ein und haltet euch bereit,
denn ihr kennt weder den Tag
noch die Stunde meiner Wiederkehr."*
Matthäus 25,13 (NL)

O nein, nicht jetzt schon! Im Halbschlaf versuche ich diese kleine Taste zu finden. Da! Endlich Ruhe. Sofort bin ich zurück im Traumland versunken.

Dann schon wieder. Dieses Gedudel reißt mich aus meiner Erholung. Wieder suche ich die Schlummertaste – meine beste Freundin am Morgen!

Ich glaube, ich würde mich hier wirklich blamieren, wenn ich dir sagen würde, wie lange ich dieses Spiel durchhalte. Ich bin ziemlich gut darin, laaaange Zeit zu „schlummern". Und noch mal. Und noch mal. Oft ärgere ich mich dann darüber, dass ich in dieser Schlummerphase so viel Zeit vom Morgen verloren habe und hinterher in Eile gerate. Dinge nicht so gut erledigen konnte, wie ich es geplant hatte.

Kennst du dieses Problem, morgens nicht aus den Federn zu kommen? Gut, es gibt auch diejenigen, die schon gerade im Bett sitzen, bevor der Wecker überhaupt ein Tönchen von sich gegeben hat. Echt beneidenswert. Aber wahrscheinlich hat jeder von uns schon mal Probleme damit gehabt, irgendwo seinen Hintern hochzubekommen.

Bestimmt hat Jesus gerade deshalb diesen Vergleich gewählt. Durch Schlummern verliert man etwas Wertvolles. Unser Bräutigam warnt uns: „Pass auf! Werde nicht schläfrig! Sei vorbereitet! Denn du weißt nicht, wann ich wiederkomme."

Es ist wichtig, vorbereitet zu sein. Unvorbereitet irgendwo zu erscheinen geht in der Regel nicht besonders gut. Ich habe diese Situation schon mehr als einmal erlebt, glaub mir. Besser ist es, ausgeschlafen zu sein und alle Sinne beisammenzuhaben. Aber wie bereite ich mich auf die Ankunft meines Bräutigams vor?

Wenn Jesus wiederkommt oder wenn ich vorher sterbe, gibt es nur noch eine Sache, die zählt: meine Liebe und Treue zu ihm. Wenn wir vor ihm stehen, wird es nicht entscheidend sein, ob wir ein gutes Leben geführt haben. Engagiert waren in sozialen Werken. Mit Spenden nicht geknausert haben. Liebevoll zu unseren Mitmenschen waren. Oder immer freundlich gelächelt haben. Alle diese Dinge zählen dann nicht mehr. Im Licht der Ewigkeit zählt nur noch, ob wir ihn lieben. Ob wir für ihn gelebt haben. Nicht zu stolz waren, um uns von ihm unseren Sündendreck abwaschen zu lassen. Von ihm Vergebung erfahren haben. Das ist das, was zählt.

Deshalb ist die Antwort darauf, wie ich vorbereitet sein kann, eigentlich ganz einfach. Ich bin bestens vorbereitet, wenn ich Jesus liebe. Ihn aus ganzem Herzen liebe und ihm gehorsam bin. Eigentlich so einfach. So simpel. Keine schweren geistlichen Übungen. Kein Arbeiten bis zum Burn-out. Kein Tun und Machen, sondern einfach nur lieben. Ich muss meinen Platz an seiner Seite als seine geliebte Braut einnehmen. Darum geht es in diesem Leben. Und darum geht es auch im nächsten Leben in der Ewigkeit.

Und das Wunderbare daran ist: Wenn ich Jesus mit meinem ganzen Herzen liebe, werde ich automatisch damit beginnen, anders zu leben. Ich kann ihm nicht mein Herz schenken und gleichzeitig dieselbe bleiben, die ich früher einmal war. Weil echte Liebe verändert. Von ganz alleine. Und deshalb werde ich immer mehr versuchen, anderen liebevoll zu begegnen. Mich für sie einzusetzen. Ihnen zu dienen mit meiner Zeit, meinen Kräften und auch mit meinem Geld.

Jesus zu lieben und von ihm geliebt zu werden ist das Schönste, das es gibt. Ist es nicht wunderbar, dass wir uns durch eine

Liebesbeziehung auf die Ewigkeit vorbereiten können? Lieben anstatt immer nur tun, tun, tun.

Wie könntest du deinen heutigen Tag investieren, um deine Liebesbeziehung mit Jesus mal wieder so richtig zu genießen?

ÜBERREICH

*„Ich aber bin gekommen, um ihnen Leben zu bringen –
Leben in ganzer Fülle."*
Johannes 10,10 (NGÜ)

Meine Liebe, wir kommen langsam ans Ende unserer gemeinsamen Reise. Wahnsinn, dass du es so lange mit mir ausgehalten hast. Durch all die Höhen und Tiefen. Danke, dass du mich in den dunklen Tälern des Lebens besucht hast. Und danke, dass du auch Lust auf eine entspannte Sofapause hattest. Danke, dass du dieses Buch bis hierher gelesen hast.

Ich wünsche mir von Herzen, dass du Jesus in einem ganz neuen Licht kennenlernen konntest. Als deinen Bräutigam. Der um dich wirbt. Dich mit Liebe überschüttet. Dich an seine Hand nimmt. Mit dir durchs Leben geht. Der dich selbst in dunkelster Stunde niemals alleine lässt. Der mit dir weint. Deine Schmerzen mitspürt. Der Einzige, der wirklich versteht, wie es dir geht.

Er ist der, der das Zentrum deines Lebens sein möchte und dadurch dein Leben so reich, so lebenswert macht. Der dir eine wunderschöne Aufgabe in diesem Leben gibt: Lieben. Du darfst mit Liebe um dich werfen, wie er es tut. Verschwenderisch damit sein und laut vor Freude lachen. Weil es so glücklich macht zu geben.

Und er ist der, der dir Hoffnung schenkt. Eine Hoffnung, die größer und stärker ist als alles Leid. Eine Ewigkeit bei ihm. Eine wundervolle Hochzeitsfeier. Er, der Bräutigam. Und das größte aller Wunder: du, die Braut. Kann es etwas Besseres geben? Gibt es eine schönere Nachricht auf der Erde?

Ich kann gar nicht in Worte fassen, wie glücklich ich über Jesus in meinem Leben bin! Er macht mein Leben so reich, so bedeutsam, so schön und spannend. Das Leben mit ihm ist ein Abenteuer. Jeder Tag in seiner Nähe ist ein Geschenk. Nein, ich will nie wieder ohne ihn leben. Es gibt nichts, was schöner sein könnte, als seine Braut zu sein.

„Ich aber bin gekommen, um ihnen Leben zu bringen – Leben in ganzer Fülle" (Johannes 10,10; NGÜ). Dieser Vers zählt zu meinen Lieblingsversen in der Bibel. Die pure Lebensfreude quillt aus diesen Buchstaben heraus. Und genauso ist das Leben an der Seite von Jesus. Pure Lebensfreude.

Ich könnte immer wieder platzen vor Freude. In meinem Bauch wirbeln die Glücksgefühle umher wie ein Schwarm Bienen. Dass er mich so glücklich machen kann. Ich atme tief ein und spüre diesem Gefühl nach. Ein Lächeln auf meinen Lippen. Es ist so schön, sich von Jesus leiten zu lassen und dabei Dinge zu entdecken, die ich sonst nie entdeckt hätte. Weil nur er mir hilft, Angst, Trägheit oder falsches Denken zu überwinden. Ich spüre immer wieder: Nur an seiner Seite kann ich wirklich glücklich sein und erfüllt leben. Nur bei ihm ist das wahre Leben. Nur bei ihm kann ich ganz lebendig sein. Nur bei ihm finde ich pures Glück.

Immer wieder wird Jesus fälschlicherweise als Spaßbremse und Lebensvermieser gesehen. Als jemand, der einem die Freuden des Lebens rauben will. Der einen einschränkt. Der Verbote und Regeln um uns aufstellt, wie Schilder eine Baustelle zieren.

Dabei ist das so fern von dem, wie er wirklich ist. Er selbst sagt, dass er nicht gekommen ist, um unser Leben einzuschränken. Sondern dass er gekommen ist, um uns das Leben in ganzer Fülle zu schenken. Wenn du Jesus in deinem Leben hast, dann bist du überreich beschenkt. Dann hast du das wahre Glück gefunden.

Und wenn du ihn noch nicht in deinem Leben hast, dann warte nicht! Denn du hast das wahre Glück noch nicht erfahren. Lade ihn ein! Öffne deine Tür sperrangelweit und zieh ihn zu dir! Ich versichere dir: Du wirst diesen Schritt niemals bereuen. Es gibt nichts Schöneres, als Jesus in deinem Leben zu haben. Als an seiner Seite zu leben. Schiebe diese Entscheidung nicht auf! Es ist egal, was für Worte du verwendest. Egal wo du gerade bist oder was du gerade tust. Lade ihn ein! Wenn du möchtest, kannst du auch dieses Gebet sprechen:

> JESUS, ICH DANKE DIR, DASS ICH SO WICHTIG FÜR DICH BIN. DASS DU MICH LIEBST. EINFACH SO, WIE ICH BIN. DASS DU MICH SO SEHR LIEBST, DASS DU SOGAR BEREIT WARST, FÜR MICH ZU STERBEN. DASS DU MEINE SCHULD AUF DICH GENOMMEN UND DAFÜR BEZAHLT HAST. DIE EWIGKEIT WIRD NICHT AUSREICHEN, UM DIR GENUG DAFÜR ZU DANKEN. BITTE VERGIB MIR ALL DIESEN SÜNDENBERG, DER DICH ANS KREUZ GEBRACHT HAT. DANKE, DASS DIESES KREUZ DICH NICHT DAVON ABGEHALTEN HAT, MICH BEDINGUNGSLOS ZU LIEBEN. DANKE, DASS ICH NICHTS TUN MUSS, UM DEINE BRAUT ZU WERDEN. DASS ICH NICHTS TUN MUSS, AUSSER DIR MEIN JA ZU GEBEN. UND, JESUS, GENAU DAS MÖCHTE ICH JETZT TUN. JA, ICH WILL. JA, ICH WILL AN DEINER SEITE LEBEN. JA, ICH WILL, DASS DU IN MEIN LEBEN KOMMST. DASS DU MEINE DUNKLEN TÄLER HELL MACHST. DASS DU MICH REIN WÄSCHST VON ALL DEM DRECK, DER AN MIR KLEBT. DASS DU MICH SCHMÜCKST MIT DEM WUNDERVOLLSTEN WEISSEN KLEID. UND JA, ICH WILL IN EWIGKEIT BEI DIR SEIN.

WIE HERRLICH
SIND DEINE WOHNUNGEN,
allmächtiger HERR.
ICH SEHNE MICH, JA ICH VERGEHE
VOR SEHNSUCHT, DIE VORHÖFE
DES HERRN ZU BETRETEN,
WO ICH DEN *lebendigen Gott*
MIT FROHEM HERZEN ANBETEN
WILL. WIE GLÜCKLICH SIND DIE,
DIE IN DEINEM HAUSE WOHNEN
DÜRFEN, SIE WERDEN DICH
JEDERZEIT LOBEN.

GLÜCKLICH SIND DIE MENSCHEN,
DIE IN DIR IHRE *Stärke*
FINDEN UND VON HERZEN
DIR *nachfolgen*. HERR,
EIN EINZIGER TAG IN DEINEN
VORHÖFEN IST BESSER ALS SONST
TAUSEND! ALLMÄCHTIGER HERR,
glücklich IST DER MENSCH,
DER AUF DICH VERTRAUT.

PSALM 84 (IN AUSZÜGEN; NL)

Sehnsucht

*Der Geist Gottes und die Braut rufen:
„Komm!" Und wer diesen Ruf hört, soll ebenfalls sagen:
„Komm!" Wer Durst hat, der komme! Wer will,
der trinke vom Wasser des Lebens;
er bekommt es umsonst.*
Offenbarung 22,17 (NGÜ)

Mein geliebter Bräutigam!

Ich freue mich auf dich! Ich freue mich so sehr auf den Moment, wenn ich mich in deine Arme fallen lassen darf und du mich nie wieder loslässt! Ich sehne mich so sehr nach dir. Danach, in deiner Nähe zu sein. Und nie wieder von dir fortgehen zu müssen. Lass mich deine Nähe erleben! Spüren, wie wunderbar es bei dir ist. Denn ich sehne mich nach dir.

Ich freue mich auf dich! Hier zu leben ist nicht immer so einfach. Anforderungen, Herausforderungen und Arbeit türmen sich vor mir auf wie eine unüberwindbar scheinende Mauer. Manchmal will ich einfach fliehen. Es kann so schwierig sein. Hilf mir durchzuhalten! Selbst dann, wenn alles unmöglich erscheint. Hilf mir, aus deiner Kraft zu schöpfen. Danke, dass du mein Halt bist. Ich will immer mehr lernen, mich an dich zu lehnen. Denn ich sehne mich nach dir.

Ich freue mich auf dich! Darauf, mich bei dir zu bergen. Denn manchmal habe ich Angst. Angst vor dem, was vielleicht noch alles auf mich zukommt hier auf der Erde. Angst vor unvorhersehbaren Dingen. Angst vor so vielem. Eigentlich würde ich gerne mutig sein. Aber so oft gelingt mir das nicht. Hilf mir, mich ganz auf dich zu stützen! Und auf dich zu sehen, anstatt auf meine Angst und das, was diese Angst in mir schürt. Denn ich sehne mich nach dir.

Ich freue mich auf dich! Denn ich bin so ausgelaugt und durstig. Ich sehne mich nach frischem Wasser, das mich stärkt. Wasser, das alles Schlechte einfach wegspült. Danke, dass ich das wahre Lebenswasser bei dir trinken kann. Danke, dass du mir umsonst einschenkst und ich nachnehmen darf, soviel ich möchte. Ich kann mich gar nicht satt trinken. Will einfach nur einen Schluck nach dem anderen in mich aufnehmen. Mehr von dir. Denn ich sehne mich nach dir.

Ich freue mich auf dich! Denn ich bin so müde von all dem Elend auf unserer Erde, in unseren Gemeinden, Familien und Ehen. Ich habe die schlechten Nachrichten sooo satt. Es macht mich so fertig. Diese Kriege, diese Hungersnöte, diese Brutalitäten und Hass. Groß und Klein, Mann und Frau, Schuldige und Schuldlose leiden. Verletzungen hat man erlebt, Verletzungen fügt man anderen zu. Ein Teufelskreis. Ich kann mir das alles nicht mehr ansehen. Meine Kapazitäten zu kämpfen sind ausgeschöpft. Jesus erbarme dich. Greif ein. Setz dem Leid ein Ende. Komm und schaffe Frieden.

Ich freue mich auf dich! Und auf den wunderbarsten aller Orte. Den Ort, an dem du bist. Einen Ort, den du allein mit deiner Herrlichkeit hell machst. Wo ich deine Schönheit bestaunen kann. Dir singen darf ohne Ende. Wo jeder Schmerz und jede Träne Vergangenheit sind. Wo Freude und Lachen herrschen. Wo ich bei dir sein darf. Ich sehe diese Feier schon vor mir: Alle in Weiß, der ganze Himmel jubelt, die Luft flirrt vor Liebe. Ich freue mich so darauf. Denn ich sehne mich nach dir.

Ich freue mich auf dich! Ich freue mich so sehr auf den Moment, wenn ich mich in deine Arme fallen lassen darf und du mich nie wieder loslässt! Ich sehne mich so sehr nach dir. Danach, in deiner Nähe zu sein. Und nie wieder von dir fortgehen zu müssen. Lass mich deine Nähe erleben! Spüren, wie wunderbar es bei dir ist. Denn ich sehne mich nach dir.

In erwartungsvoller Freude

deine Braut

Our big fat wedding

„Siehe, ich komme bald und mein Lohn mit mir."
Offenbarung 22,12 (NL)

Meine wundervolle Braut!

Ich komme bald. Ich kann es kaum erwarten, dich zu mir zu holen. Seit so langer Zeit schon freue ich mich darauf. Du kannst dir gar nicht vorstellen, wie sehr ich mich danach sehne, dich endlich hier bei mir zu haben. Als meine wundervolle Braut. Deshalb sei bereit!

Ich komme bald. Um dich endlich zu mir zu holen. Länger als du denken kannst, wünsche ich mir schon, mit dir in meinem Reich vereint zu sein. Diese Sehnsucht nach dir war so groß, dass ich bereit war, alles zu tun, um unsere Hochzeit möglich zu machen. Ich wollte lieber den schlimmsten Feind besiegen und einen furchtbaren Tod sterben, als ohne dich hier zu sein. Denn ich liebe dich mehr, als du jemals verstehen kannst. Deshalb sei bereit!

Ich komme bald. Um dich endlich zu mir zu holen. Du wirst nicht glauben, was du hier zu sehen bekommst. Es wird deine schönsten Vorstellungen bei Weitem übertreffen. Unsere Hochzeit ist schon seit so langer Zeit geplant. Und sie wird wunderschön werden, glaube mir. Liebevoll bis in jedes kleinste Detail ist dieses Fest vorbereitet. Du wirst begeistert sein. Deshalb sei bereit!

Ich komme bald. Um dich endlich zu mir zu holen. Und ich werde dich über die Maßen beschenken. Dein Lohn für deine Treue zu mir wird so reich sein. Es übertrifft deine Vorstellungskraft. All dein Leid und Kummer. All das, was du auf der Erde erdulden musstest, wird nicht im Geringsten ins Gewicht fallen zu der Freude, die dich hier erwartet. Deine Not wird wie vergessen sein, wenn du deinen Lohn von mir erhalten wirst. Deshalb sei bereit!

Ich komme bald. Ich komme zu dir, um dich zu deinem neuen Zuhause zu bringen. Ich habe dir hier eine wundervolle Wohnung vorbereitet. Sie ist perfekt auf dich abgestimmt. Du wirst dich dort so wohlfühlen. Vielleicht hast du dich auf der Erde manchmal fremd gefühlt. Als würdest du nicht so richtig dorthin gehören. Warst irgendwie heimatlos. Das hat ein Ende. In deinem ewigen Zuhause wird es dir nie wieder so gehen. Hier gehörst du hin. Dazu bist du bestimmt. Deshalb sei bereit!

Ich komme bald. Ich kann es kaum erwarten, dich zu mir zu holen. Seit so langer Zeit schon freue ich mich darauf. Du kannst dir gar nicht vorstellen, wie sehr ich mich danach sehne, dich endlich hier bei mir zu haben. Als meine wundervolle Braut. Deshalb sei bereit!

In ewiger und treuer Liebe

Jesus Christus, dein Bräutigam

Wir wollen uns *freuen* und *jubeln* und ihm die Ehre geben! Denn jetzt ist die *Hochzeit* des Lammes gekommen und seine *Braut* hat sich dafür schön gemacht.

OFFENBARUNG 19,7 (NEÜ)

QUELLENANGABEN

Zitat S. 40 aus: Hans-Joachim Eckstein, Du bist Gott eine Freude. Glaubensleben – Lebenslust, S. 21.

Zitat S. 63 aus: Brennan Manning, Kind in seinen Armen, © 1999 und 2009 SCM R.Brockhaus in der SCM Verlagsgruppe GmbH, Witten/Holzgerlingen.

Zitat S. 85 aus: Arno Backhaus, Woran starb das Tote Meer?, Brendow 2011.

Zitat S. 117 aus: Ann Voskamp, Durch meine Risse scheint dein Licht. Inmitten der Zerbrochenheit erfülltes Leben finden, Gerth Medien 2018, S. 56.

Zitat S. 164 aus: Leslie Ludy, Lebe wahre Schönheit. Der Weg einer jungen Frau zu einem außergewöhnlichen Leben, Lichtzeichen-Verlag 2012.

Zitat S. 172: © Gudrun Abrell.

Zitat S. 183 aus: Elisabeth Elliot, Im Schatten des Allmächtigen, © 1991 SCM R.Brockhaus in der SCM Verlagsgruppe GmbH, Witten/Holzgerlingen.

Trotz intensiver Recherche konnten nicht für alle Zitate die Rechteinhaber ausfindig gemacht werden. Der Verlag dankt für Hinweise.

ANNE LÖWEN

Unendlich wertvoll

Flexcover
mit zweifarbiger Innengestaltung
208 Seiten
ISBN 978-3-7655-0969-8

Hier geht's mal nur um dich, Mama! In liebevollen Ermutigungen und persönlichen Andachten erzählt dieses Buch davon, wie unendlich wertvoll du und dein Mamasein in Gottes Augen sind. Bei ihm darfst du dich fallen lassen und selbst wieder geliebte Tochter sein. Ruhe in seiner Liebe zu dir – und du wirst Flügel bekommen …

> „Unendlich wertvoll" ist ein Buch wie eine gute Freundin: liebevoll, ehrlich, ermutigend. Sehr empfehlenswert!
>
> Theda von Gottberg, junge Mutter

MARIE CHAPIAN

Du bist eine Königstochter

Taschenbuch
192 Seiten
ISBN 978-3-7655-4326-5

Ruhige Momente finden
mit Gott, mit sich selbst ... und auftanken:
bei der ersten oder zweiten Tasse Morgen-Kaffee,
vor dem Schlafengehen oder
am Lieblingspausenplatz.
Diese Schatzkiste mit Liebesbriefen Gottes
erinnert dich daran, wer du bist:
eine geliebte Tochter Gottes,
des Herrn über Himmel und Erde –
eine Königstochter!

„Diese Liebesbriefe von Gott zaubern ein Lächeln in mein Herz ... und ich gehe ‚aufrecht' durch den Tag ... Bin ja eine Königstochter!"

P. M., Leserin

SHEILA WALSH

Meine 5 Minuten mit Gott

Hardcover
176 Seiten
ISBN 978-3-7655-0695-6

Erfrischt und inspiriert für den Tag

5 Minuten – wie eine liebevolle Umarmung des Vaters im Himmel.

5 Minuten – in denen Sie zur Ruhe kommen. Frieden finden.

5 Minuten mit Gott – und Sie gehen inspirierter in den Tag. Fröhlicher.
Weil Gott da ist. Weil er Sie liebt. Weil Sie sein Königskind sind, für das er nur Gutes im Sinn hat. Auch und gerade an randvollen Tagen.

5 Minuten mit Gott – und Ihr Tag, Ihr Leben gewinnen an Bedeutung. An Glanz. Und an Lebensfreude. Lassen Sie sich beschenken!